»Die Welt ist ein Schauplatz:
Du kommst, du siehst und gehst
vorüber.«

Matthias Claudius

SCHAUPLATZ
Salzburg

Eva Gesine Baur

mit Fotografien
von Thomas Klinger

PROPYLÄEN

Schauplatz Salzburg

Eine Regieanweisung
Seite 6–15

Schauplatz Mozart
25. Hagenauerhaus – Die Geburt des Johann Wolfgang Chrysostomus
31. Residenz – Beweis eines Wunders
35. Mozartdenkmal – Lästerzunge in Toga
39. Barisanihaus – Vom Ende eines Kinderstars
47. Stiftskirche St. Peter – Constanze Mozarts Offensive
Seite 16–51

Schauplatz der Musik
59. Peterskeller – Die stille Tragödie des Michael Haydn
63. Grosses Festspielhaus – Kunst und Kult
71. Mozarteum – Thomas Hampsons heiliger Platz
73. Karajans Elternhaus – Karriere ohne Widerstand
77. Franziskanerkirche – Pater Singers vergessene Erfindung
Seite 52–79

Schauplatz der Literatur
89. Wohnhaus Trakl – Sucht, Inzest und Genie
93. Paschinger Schlössl – Heimat eines Heimatlosen
97. Landestheater – Thomas Bernhards Lust an der Provokation
Seite 80–101

Schauplatz des Skandals
109. Goldene Stube, Feste – Meuchelmord in Bischofs Namen?
113. St. Sebastian – Ehrengrab für einen Hochstapler
117. Schloss Klessheim – Zu Gast bei Hitler
121. Felsenreitschule – Max Reinhardts Faust
Seite 102–125

Schauplatz der Prominenz & Sinnlichkeit
Hotel Sacher Salzburg – Suite für die Madonna .131
Café Bazar – Laufsteg der Prominenz .137
Schloss Mirabell – Liebesnest des geistlichen Fürsten .141
Café Tomaselli – Der Bauch von Salzburg .149
Seite 126–151

Schauplatz des Dramas
Jedermann-Bühne – Spiel von Liebe, Geld und Tod .161
Schloss Hellbrunn – Spielplatz der Visionäre .165
Kollegienkirche – Spielraum für Symbolisches .175
Schloss Leopoldskron – Spielwiese für Stars .181
Seite 152–185

Schauplatz der Kunst
Villa Kast – Die Passion des Thaddaeus Ropac .193
Residenzgalerie – Malerfürst Makarts ärmlicher Anfang .197
Feste Hohensalzburg – Oskar Kokoschka lehrt zu sehen .201
Toscaninihof – Der Arbeitsplatz von Peter Ruzicka .207
Seite 186–211

Bibliographie
Zu Mozart und der Mozart-familie
Zu personen in Salzburg
Zur Stadt Salzburg
Zu den Festspielen
Seite 212–213

Register
Seite 213–215

Bildnachweis
Seite 216

SCHAUPLATZ SALZBURG EINE REGIEANWEISUNG

Schauen ist mehr als hinschauen. Die Schauung meint bei den Mystikern eine Vision. Und ein *Schauplatz* verdient seinen Namen nicht nur dadurch, dass er Lust auf das Hingucken macht – also die Schaulust weckt. Vielmehr dadurch, dass er in der Anschauung die Weltsicht verändert – also die Schau im Sinn der Erkenntnis fördert. Doch das vermag ein Ort nur, wenn er Geheimnisse in sich birgt. Wenn er sich niemals ganz verschenkt in Gefallsucht, niemals völlig verkauft an den Tourismus, niemals alles über sich verrät, sondern seine Tiefe, sein Dunkel wahrt. »Das ist nämlich ein Irrtum«, wies der Wahl-Salzburger Hermann Bahr seine Freunde zurecht, »wenn Ihr meint, Salzburg zu kennen. Es ist die geheimnisvollste Stadt auf deutscher Erde …« Salzburg ist *Schauplatz* im doppelten Sinn. Ganz offensichtlich ist es eine Bühne. Zuerst einmal durch seine Lage in einer Naturkulisse, die alles exemplarisch in sich vereint: Wald, Wiesen, Felsen, Flüsse, Bäche, Wasserfälle, sanfte Hügel, steile Berge, stille Seen. Und das Ganze bühnenwirksam dekoriert mit Kirchen, Schlössern, Bauernhöfen, Kapellen und Burgen. Die Stadt selbst hat Bühnencharakter; so unwirklich schön, der Wirklichkeit entrückt in ihrem – flüchtig betrachtet – unbehelligten barocken Erscheinungsbild; so beispielhaft in den einzelnen Räumen, die sich Plätze nennen und sich jederzeit in Bühnen verwandeln können. Denn überall, vor allem zur Festspielzeit, gerinnt das Leben in dieser Traumkulissenstadt zu Schauspielszenen. Da können Menschen, einheimische wie fremde, namhafte wie namenlose zu Darstellern werden, indem sie bestaunen, bewundern, beneiden, belächeln. Und überall können sie ebenso Publikum sein, dass mancher sich geradezu wundert, für die sich bietende Szene nichts bezahlen zu müssen. »Das Publikum beherrscht das Theater auf geheimnisvolle Weise«, meinte Hofmannsthal zum Salzburger Festspielpublikum, »indem es seine Wurzeln nährt.« Die Seitenwechsel sind freilich fließend: Mancher, der sich als Betrachtender wähnt, wird selbst betrachtet. Ambivalenz ist es, die den Charakter Salzburgs ausmacht. Kein Zufall also, dass auch die Erzeuger jener Idee, die den *Schauplatz* Salzburg seiner Bestimmung zuführen sollten, ambivalente Persönlichkeiten waren: Hugo von Hofmannsthal, Hermann Bahr und Max Reinhardt, die eigentlichen Väter der Salzburger Festspiele, und Richard Strauss, der musikalische Mitbegründer. HUGO VON HOFMANNSTHAL trug in sich jenen Zwiespalt, der das große geistige Österreich ausmachte. Er war katholisch getaufter Jude, der sein Judentum verschwieg. Ein Kulturschaffender, der zum Kulturkritiker wurde. Ein distanzierter Feingeist, der dem Volk Kunst nahe bringen wollte. Ein Literat, der sich vom Ästhetizisten, eng das eigene Ich umkreisend, zum modernen, offenen Künstler entwickelte – und so die kulturelle Situation in Österreich zwischen 1890 und 1918 verkörperte, das zwischen Konservativismus und Aufbruch, zwischen Tradition und Revolution schwankte. Hofmannsthal hat Salzburg magischer, jedoch auch pathetischer als andere beschworen als den idealen *Schauplatz*: »Das Salzburger Land ist das Herz vom Herzen Europas. Es liegt halbwegs zwischen der Schweiz und den slawischen Ländern, halbwegs zwischen dem nördlichen Deutschland und dem lombardischen Italien; es liegt in der Mitte zwischen Süd und Nord, zwischen Berg und Ebene, zwischen dem Heroischen und dem Idyllischen. Es liegt als Bauwerk zwischen dem Städtischen und dem Ländlichen, zwischen dem Uralten und dem Neuzeitlichen, dem barocken Fürstlichen und dem lieblich ewig Bäuerlichen; Mozart ist der Ausdruck von alledem. Das mittlere Europa hat keinen schöneren Raum und hier musste Mozart geboren werden.« Ein

Ein Wintermärchen
Unwirklich bühnenhaft erscheinen manche Szenen in Salzburg wie diese hier mit Fiaker im Schneetreiben. Der Blick fällt auf das legendäre »Café Tomaselli« am Alten Markt, linkerhand ist der nach alten Plänen wiederaufgebaute Kiosk des Kaffeehauses auszumachen, dessen Sitzplätze im Sommer zu Theatersitzen werden.

Ein makabres Schauspiel
Den Brand auf der Feste Hohensalzburg im Jahr 1849 hielt der Salzburger Maler Georg Pezolt (1810–1878) in diesem Ölgemälde fest.

Raum zu sein, das ist es, was diesen Ort zum *Schauplatz* prädestiniert: Salzburg ist aus sich heraus Bühnenraum und Zuschauerraum, denn wie in keiner anderen Stadt ist in dieser etwas Theatralisches angelegt. Noch eine zweite Vokabel in Hofmannsthals Text führt auf die richtige Spur zum Wesen und zur Eignung Salzburgs als *Schauplatz*: das Wort »zwischen« – die Dazwischen-Befindlichkeit; jene Eigenschaft also, die Salzburgs Festspielgründer kennzeichnet und die Festspiele rechtfertigt. Denn nur wer dazwischen ist, kann mitteln, kann Ideen und Kunst vermitteln, hat Interesse an allem und kitzelt es bei anderen wach. Das lateinische *interesse* heißt bekanntlich ja nichts anderes als dazwischen sein. MAX REINHARDT, als Max Goldmann geboren in Baden bei Wien, aufgewachsen und zum Schauspieler ausgebildet in Wien, ausgereift an den Bühnen von Pressburg (einer Freiluftbühne) und Salzburg, aufgestiegen in Berlin: auch er eine Persönlichkeit zwischen den Welten. Ein Mann, der mit den Festspielen nationale Identität stiften wollte und zugleich das Weltbürgertum pries. Ein jüdischer Künstler, den die katholische Religiosität Salzburgs inspirierte. Ein Kosmopolit, den es immer wieder in die Provinz zog: »Ich bin mit keinem Ort der Welt mehr verknüpft, als mit Salzburg.« Ein analytischer Geist, der wie kein anderer die seelischen Strukturen von Stücken offen legte und der doch wehrlos, fast kritiklos der Magie Salzburgs anheim fiel. Er, der Skeptiker, der jeden Klassiker so lange hinterfragte, bis er gegenwärtig war, schwärmte haltlos: »Die Atmosphäre von Salzburg ist durchdrungen von Schönheit, Spiel und Kunst.« Leider durchdrang sie auch von Anfang an ein Antisemitismus, der sich in einer absurden Szene offenbarte: Werner Krauss, Starschauspieler der Festspiele von Anfang an, überbrachte Max Reinhardt Hitlers Antrag, sich zum Ehrenarier erklären zu lassen. Doch der zog es vor, ins amerikanische Exil zu fliehen. HERMANN BAHR, geboren in Linz, zehn Jahre älter als Reinhardt – auch er war alles andere als einseitig oder gar eindeutig. Die Vielseitigkeit: Bahr war Theaterkritiker und Kulturphilosoph, Erzähler und Regisseur, Dramaturg und Dramatiker. Die Vieldeutigkeit: Der Mensch wie der Schriftsteller Bahr verkörperte jenen Typus, den die Verehrer einen Proteus nennen, die anderen misstrauisch Chamäleon, weil er ständig die Farbe wechselt. Vom Naturalismus ging er zum Impressionismus über, dann zu Symbolismus und Neuromantik, weiter zum Expressionismus, um im Alter schließlich zu enden in einem altösterreichischen katholisch geprägten Konservativismus. Früher als seine Mitstreiter hat Bahr das Bühnenhafte der ganzen Stadt gesehen, gespürt und immer wieder formuliert. Auf der Bühne werden Stücke – Gedanken und Gefühle – aus der Vergangenheit vergegenwärtigt. Regie und Darsteller bringen Opern, Singspiele, Dramen dem heutigen Publikum nahe. Transportieren alles ins Jetzt. Und dasselbe leistet in Bahrs Augen die Stadt Salzburg, »in der alle Vergangenheit immer wieder Gegenwart wird und in die Zukunft blickt.« RICHARD STRAUSS war nicht weniger ambivalent, was seine Arbeit und was seine Person anging. Unmissverständlich hatte er erklärt, »dass grundsätzlich Werke lebender Komponisten in Salzburg nicht einbezogen werden sollten«. Doch er wirkte sehr aktiv daran mit, dass 1926 seine »Ariadne auf Naxos« auf die Festspielbühne kam, der dann die umjubelten Aufführungen von »Der Rosenkavalier«, von 1929 bis 1937 mit einer Ausnahme jeden Festspielsommer aufgeführt, »Die Frau ohne Schatten«, »Die ägyptische Helena«, »Elektra« und schließlich »Arabella« folgten, alle noch zu seinen Lebzeiten auf dem Salzburger Festspielprogramm. »... wir sind füreinander geboren und werden sicher Schönes zusammen leisten«, schrieb Strauss 1906 an Hugo von Hofmannsthal. Und der teilte dessen Ansicht voll und ganz. »Es ist sicher kein Zufall«, meinte er, »dass zwei Individuen wie wir einander innerhalb der gleichen Epoche zu begegnen hatten.« Der katholische Bayer und der jüdische Wiener leisteten wahrhaftig Schönes miteinander, denn Hofmannsthal wurde der Librettist, mit dem und durch den Strauss sich verwirklichte. Und Salzburg profitierte davon. Auch das ein Beleg für die Ambivalenz von Strauss. Zwar engagierte er sich ideologisch und theoretisch leidenschaftlich für

Ein Liebesbeweis
Begeistert von Salzburgs Magie verhalf Hugo von Hofmannsthal (1874–1929) als Mitbegründer und zentraler Dichter der Festspiele der Stadt zu weltweitem Ruhm. Sein »Jedermann« und die Richard-Strauss-Opern nach seinen Libretti – vom »Rosenkavalier« bis zur »Liebe der Danae« – sind Hauptattraktionen des Programms.

Ein Machtbeweis
Innerhalb eines Monats ließ Fürsterzbischof Marcus Sitticus dieses Lusthaus in der Hellbrunner Anlage errichten – daher sein Name »Monatsschlösschen«. Es ist nicht belegt, wem er mit diesem Kraftakt imponieren wollte – vielleicht dem Besucher Erzherzog Maximilian, vielleicht einer Frau, die ihm gefiel. Heute ist in dem gerüchteumwitterten Gebäude das Volkskundemuseum untergebracht.

Eine Tradition
Im Lustschloss Hellbrunn werden auch heute noch Konzerte bei Kerzenlicht veranstaltet – wie schon unter Erzbischof Marcus Sitticus, der das Schloss in den Jahren 1613 bis 1619 erbaute. Neben dem Festsaal bildet der »Oktogon« genannte Raum das Herz des Schlosses.

die Festspiele, als er jedoch 1922 deren Präsident wurde, machte er keinen Finger krumm dafür, verweigerte zwei Jahre später sogar seine künstlerische Mitwirkung und trieb das ganze Unternehmen an den finanziellen Abgrund. Dennoch prägte er die Festspiele so sehr, dass man in Salzburg ihm zu Ehren einen im Dritten Reich auch dort seltenen Mut bewies: 1944 war es verboten worden, den 80. Geburtstag von Strauss zu feiern, doch die Salzburger planten weiter unverdrossen die Uraufführung seiner neuesten Oper »Die Liebe der Danae«. Als die in letzter Sekunde auch untersagt wurde, inszenierten sie eine Generalprobe vor ausgewähltem Publikum – das zu Tränen gerührt war, als am Ende der Komponist an die Orchesterbrüstung trat: »Vielleicht sehen wir uns in einer besseren Welt wieder.« Ein jüdischer Dichter hatte ihm mit zum Ruhm verholfen. »Noch nie hat ein Musiker einen solchen Helfer und Förderer gefunden«, rühmte er Hugo von Hofmanns-

II

thal. Trotzdem verhielt er sich unter den Nazis angepasst – von 1933 bis 1935 war er Präsident der Reichsmusikkammer. Er schmähte einerseits den jüdischen Dirigenten Bruno Walter, den er in einem Brief an Zweig einen »schmierigen Lauselumpen« nannte, andererseits setzte er sich furchtlos ein für eben jenen Stefan Zweig, seinen Textdichter nach Hofmannsthals Tod, als 1935 bei der Dresdner Uraufführung von »Die schweigsame Frau« der Name des jüdischen Librettisten nicht auftauchen sollte in der Partitur, im Textbuch und auf den Programmzetteln. Richard Strauss – ein Mann mit menschlichen Stärken und Schwächen. So einer passt nach Salzburg. »... hier musste Mozart geboren werden«, hatte Hofmannsthal behauptet. Mozart, der wie kein anderer bewies, dass die Menschen nicht schwarz und weiß sind, sondern größtenteils grau in verschiedenen Schattierungen von Lichtgrau bis dunklem Anthrazit. Mozart, der Gestalten schuf, die ewig modern sind, weil sie so menschlich sind – nämlich ambivalent. Vielleicht ist Salzburg auch deswegen so sehr *Schauplatz*, weil dort im Kleinen exemplarisch das stattfand und stattfindet, was die Welt bewegt. Das wollen die Menschen nicht nur ahnen, lesen, wissen, sie wollen es sehen. Denn Voyeurismus ist, wie immer man darüber denkt, eine typisch menschliche Begehrlichkeit. Und ein Schauplatz ist ein Platz, an dem es etwas zu schauen gibt. Auf den man schaut, weil er erfreut, entsetzt, erbaut oder erregt. Wie sehr die ganze barocke Stadt in ihrer Naturkulisse in diesem Sinn betrachtet wurde, erhellt die ursprüngliche Idee, die nicht nur Hofmannsthal und Reinhardt, sondern auch Bahr und die Geburtshelfer, der Wiener Musikkritiker Heinrich Damisch und der Mäzen, der Salzburger Kaufmann Friedrich Gehmacher, teilten: Nicht mitten in der Stadt, sondern außerhalb, auf einer der Anhöhen – am liebsten im Norden, bei Maria Plain – sollte es stehen. Mit einem Ausblick auf die Stadt. »Ist nicht Salzburg selbst ein Fest«, fragte sich rein rhetorisch Bruno Walter, »ein Festspiel der Natur!« Ein Festspielhaus auf dem grünen Hügel war folgerichtig die allererste Idee: Salzburg soll für Mozart werden, was Bayreuth für Wagner ist, beschlossen Gehmacher und Damisch. Das hatte mit Reinhardts Anfangsidee, hier eine Kombination aus Shakespeare und romantischem Theater zu bieten, wenig zu tun. Doch alle wollten das nutzen, was der *Schauplatz* Salzburg bietet, ja sogar anbietet. Im Sommer 1920 wurden die Festspiele endlich eröffnet. Mit Hofmannsthals »Jedermann« unter Reinhardts Regie. Ein Spiel über den Menschen, der jedermann ist, ein Spiel über die menschlichen Schwächen und Begierden, Ängste und Sehnsüchte. »Das Stück passt nicht zu Salzburg«, sagt ein abgehalfterter Schauspieler in Qualtingers »Gespräch zweier Mimen«. »Vielleicht zu Linz«, meint der andere. Sie irren: Es passt ganz wunderbar und ganz furchtbar hierher, auf diesen Schauplatz des Menschlichen und Allzumenschlichen. An dem sich Größe und Kleinheit offenbaren, Liebe zur Sache und Liebe zu sich selbst, Wut und Verzweiflung, Sinnlichkeit und Verklemmtheit, Mut und Feigheit, Selbstbewusstsein und Selbstzerstörung. »Welttheater« hieß der Traum von Max Reinhardt. »Das Salzburger Große Welttheater« hieß jenes zweite Mysterienspiel, das Hugo von Hofmannsthal nach einer Vorlage des Spaniers Calderon verfasste und in der Kollegienkirche 1922 zur Uraufführung brachte. »Universelles Welttheater« nannte sich schließlich jenes Unterfangen, das den Anfang vom Ende der Reinhardt-Ära einläutete: sein Faust-Projekt. Zum Welttheater gehört jedoch nicht nur die Wahrheit, sondern auch die Lüge, nicht nur der Glaube, sondern auch der Zweifel. Nirgendwo wurde raffinierter versucht als in Salzburg, jener Welttheaterbühne, alles, was das heitere Image beeinträchtigen könnte, zu verleugnen. Nirgendwo ist es besser gelungen, die großen Söhne wider Willen zu adoptieren und zu verklären als Kinder dieses Ortes. Doch jeder nur halbwegs Eingeweihte weiß es: Mozart hasste Salzburg und litt unter der Stadt, Trakl und Bernhard ging es ebenso. Auch die vielen Juden, die Salzburg, speziell aber der Kultur dort zu Weltruhm verholfen haben, die geschmäht, bedroht, vertrieben oder ermordet wurden – auch sie wurden im Nachhinein, und sei es postum, wieder an die Brust gedrückt von ihr, der angeblich so mütterlichen Schönen in Europas Mitte. Die Macht der Unmenschlichkeit, jene un-

Ein Stück Festspielgeschichte »Die Liebe der Danae« von Richard Strauss (1864–1949). 1944 wurde die Uraufführung verboten, 1952 endlich verwirklicht. 2002 wurde das Spätwerk, basierend auf einem Text Hofmannsthals, in einer Neuinszenierung von Günter Krämer, dirigiert von Fabio Luisi, ein großer Erfolg.
Aufsehen erregte das ironische Bühnenbild von Gisbert Jäkel, das aus jeder Szene (in der Mitte mit Albert Bonnema als Midas) und jedem Statisten einen Blickfang machte. Anspielungen auf das Dritte Reich – hier der Reichsadler – erinnerten an die Situation 1944.

trennbare Kehrseite der Menschlichkeit, ist stärker als alle guten Vorsätze. Ein Festspielhaus sei ein Weihehaus, hatten die Gründer verkündet. Doch am 6. April 1938 wurde es entweiht: Hitler redete im Festspielhaus – vor einem fanatisch entzückten Publikum. Die ganze Stadt war von einer dafür bestallten Architektenkommission für den Auftritt des Führers zur Bühne umgestaltet worden. Mit 10 000 Metern Fahnentuch hatten sie die Stadt für ihn dekorieren lassen. Und damit auch reichlich Publikum jenes makabre Festspiel laut genug bejubelte, wurden die Leute vom Land mit Sonderzügen in die Stadt gekarrt, wurden Schulen, Ämter und Betriebe geschlossen. Und der Residenzplatz, zur Bühne geradezu geschaffen, erlebte dreieinhalb Wochen später, am 30. April, ein entsetzliches Schauspiel, das viele Salzburger mit glänzenden Augen bestaunten und mit frenetischem Beifall bedachten: die einzige öffentliche Bücherverbrennung in Österreich. Die Schriften Schnitzlers und Werfels gingen in den Flammen auf, aber auch derjenigen, die jenes Salzburg geliebt oder hymnisch gefeiert hatten – Stefan Zweigs, Max Reinhardts und Hugo von Hofmannsthals. Weltanspruch, ohne jemals Weltstadt zu werden: auch das gehört zur Ambivalenz dieser Stadt. Ihre Begrenztheit erwies sich als Schicksal und Chance: Nach der Säkularisation war offensichtlich geworden, dass Salzburg niemals den Rang von Rom, Paris oder Wien, nicht einmal den von München oder Florenz erlangen, niemals kosmopolitisch würde. Und zugleich erkannten einige, dass es die große Welt in der Kunst repräsentieren könnte. »In höchstem Maße hoffen wir«, erklärte Hofmannsthal, »dass die Angehörigen anderer Nationen zu uns kommen werden, um das zu suchen, was sie nicht leicht anderswo in der Welt finden.« Welttheater ist der Gedanke, der Salzburg prägt: Theater für die Welt, Theater aus aller Welt, Theater über die Welt – und die Welt als Theater. Mal Komödie, mal Tragödie. Und was darin passiert, kann die Seele entrücken. Aber auch das Herz zerreißen.

Ein Spektakel
Mit Fackeltanz und Feuerwerk werden auf dem Residenzplatz jedes Jahr die Festspiele eröffnet – auch wenn dieses Schauspiel an die Bücherverbrennung der Nazis erinnert, die am 30. April 1938 eben an dieser Stelle inszeniert wurde. Entstanden war der repräsentative Platz 1595–1605 durch eine radikale Aktion von Erzbischof Wolf Dietrich von Raitenau: 55 Bürgerhäuser hatte er niederreißen lassen, um das Areal von Dom-, Residenz-, Mozart- und Kapitelplatz anzulegen.

SCHAUPLATZ
Mozart

»Ich will nichts mehr von Salzburg wissen, ich hasse den Erzbischof bis zur raserey.«

»Meine Frau weint aus Vergnügen, wenn sie auf die Salzburger Reise denkt.«

Wolfgang Amadé Mozart

Schauplatz Mozart

Sich freizumachen von allem, was beengt: das ist eine notwendige Aufgabe für jedes Genie. Mozart macht sich früh frei von Vorbildern und Traditionen, später aber auch von den künstlerischen Beschränkungen eines fest angestellten Kirchenmusikers. Kollegen hätten Mozarts Bedingungen in Salzburg als großzügig empfunden – ihm werden monatelange Reisen erlaubt, obwohl er dort seit er sechzehn ist als zweiter Konzertmeister ein Jahresgehalt von 150 Gulden (fl.) bezieht. Doch einem, der mit acht schon in London aufgetreten ist, der mit dreizehn bereits mehr von der Welt gesehen hat als andere berühmte Zeitgenossen in ihrem ganzen Leben, dem muss sein Salzburg zu eng werden. Vor allem aber ist es wohl eine emotionale Enge, die Mozart bedrängt, und die hat einen Namen: Erzbischof Hieronymus Graf Colloredo. Als der Wiener Aufklärer nach dem Tod seines freigebigen, in das Wunderkind vernarrten Vorgängers Schrattenbach seinen Dienst antritt, ist er vierzig, Mozart ist sechzehn. Zuerst sieht alles gut aus: Zum Amtsantritt des Neuen wird Mozarts »Azione teatrale – Il Sogno di Scipione« im Carabinierisaal der Residenz aufgeführt. Aber Colloredo hat sich vorgenommen, als wirtschaftlicher Heilsbringer in die Geschichte der Salzburger Erzbischöfe einzugehen und macht ausgerechnet Salzburg zum Schauplatz der Askese; er spart, wo es geht, außer an sich selbst – mit dem Argument, Prunk, Pracht und Sinnlichkeit stünden der Frömmigkeit im Weg. Er lässt alles aus den Barockkirchen entfernen, was glänzt, strahlt und schmückt, er verbietet die Birkenbäume bei der Fronleichnamsprozession, die Osterritte, die Sonnwendfeuer, die Weihnachtskrippen und das Spielen von Wiegenliedern bei Hochzeiten. Mozart, dem klar wird, dass er mit Sonderwünschen hier nicht durchkommen wird, indem er sich auf sein »von Gott erhaltenes Talent« beruft, tut seinen Widerwillen gegen Salzburg in Äußerungen kund, die wie unbewusstes Provozieren der ersehnten Kündigung wirken. 1777, von seiner Einjahresreise zurück und mit dreifachem Gehalt auf den Posten des Domorganisten gehoben, erklärt Mozart seinem Arbeitgeber, er müsse ihm alle zwei Jahre das Recht auf eine Reise zusichern, »denn ein Mensch von superieuren Talent /welches ich mir selbst, ohne gottlos zu seyn, nicht absprechen kann / wird schlecht, wenn er immer in den nemlichen Ort bleibt«. Als Colloredo bei einem Wienbesuch vier Jahre danach Mozart zu sich befiehlt, kommt es zum Krach, zum wüsten Wortgefecht und zum Rauswurf mit dem legendären Fußtritt in den mozärtlichen Hintern durch den Oberküchenmeister Graf Arco. Mozart ist zufrieden. Am 9. Mai 1781 verkündet er dem Vater gut gelaunt: »Ich bin nicht mehr so unglücklich in Salzburgerischen diensten zu seyn – heute war der glücklichste Tag für mich …« Um Bekehrungsversuche des Vaters abzublocken, schreibt er am 12. Mai 1781 aus Wien: »Ich will nichts mehr von Salzburg wissen, ich hasse den Erzbischof bis zur raserey.« Und macht klar, wie wenig ihm der Aufenthalt in seiner Heimatstadt wert ist: »Wenn ich beym Erzbischof v: Salzburg 2000 fl. Gehalt bekommen kann, und in einem anderen ort nur 1000 – so gehe ich doch in das andern ort – denn für die andern 1000 fl. genüsse ich meine gesundheit und zufriedenheit des gemüths.« Eigentlich aber hat Salzburg seinen Mozart geliebt, gehätschelt, verwöhnt. Er war eingebettet in Freunde, Bewunderer, Förderer und Mäzene – es ging ihm gut in dieser Stadt, die ihn zwar nach seinem Tod erst einmal zu vergessen schien, dann aber mit großer, vielleicht allzu großer Energie zu ihrem Sohn erklärte, verklärte und vergoldete.

Mozarts Lust
Im Dom zum heiligen Rupert, wo Mozarts Krönungsmesse uraufgeführt wurde, wird sie regelmäßig wiederbelebt – hier in einer Aufführung unter János Czifra im Jahr 2002. Mit dem Neubau des Doms, auch »Kleiner Petersdom« genannt, war 1611 begonnen worden, nachdem der Vorgängerbau in Flammen aufgegangen war – mit höchster geistlicher Einwilligung. »Wenn er brennt, dann lasst ihn brennen«, soll Erzbischof Wolf Dietrich von Raitenau gesagt haben. In einem zweiten Anlauf entstand 1614–1618 unter Erzbischof Marcus Sitticus der heutige Dom nach Plänen von Santino Solari.

Mozarts Frust
Erzbischof Hieronymus Graf Colloredo (1731–1812) war der Hauptgrund dafür, dass Salzburgs größtes Genie 1781 nach Wien floh.

Mozarts Vermächtnis
Dass Mozart mit sechs Jahren auf dieser Orgel spielte, ist für die Organisten bis heute eine Herausforderung. Die Orgel stammt im Kern von 1702/03.

Mozarts Hassliebe
Salzburg im späten Abendlicht, vom Guggenheim-Museum aus gesehen. Deutlich ist die typische Bauweise der so genannten Inn-Salzach-Architektur mit ihren flachen Dächern zu erkennen. Umso prägnanter wirken so die Türme der vier großen Altstadtkirchen auf diesem Salzachufer: vorn die Kollegienkirche, dahinter der Dom, rechts die gotische Franziskanerkirche und vor dem Dunkel des Mönchsbergs, bekrönt von der Feste, das Stift St. Peter. (nächste Doppelseite)

Hagenauerhaus

Getreidegasse 9

27. Januar 1756, acht Uhr abends. Es ist kalt in der Dreizimmerwohnung im dritten Stock. Nur im mittleren Zimmer hat man gut eingeheizt, denn dort liegt, ziemlich erschöpft, eine Frau, die man fürs Kinderkriegen zu alt findet: die sechsunddreißigjährige Anna Maria Mozart. Doch sie hat es geschafft: Ihr siebtes Kind ist da, atmet und schreit. Noch lebt es. Aber die Mutter ist wie der Vater fest entschlossen, den Säugling gleich am nächsten oder übernächsten Tag taufen zu lassen – schließlich hat von den sechs Kindern, die sie bereits zur Welt gebracht hat, nur eins überlebt, das Nannerl. Die anderen, zwei Söhne und drei Töchter, sind so schnell weggestorben wie Rosenblüten im Frost. Die Namenswahl für den Neugeborenen ist einfach, obwohl für die vielen Kinder vorher schon einiges an traditionellen Vorräten verbraucht worden ist. Johannes soll er heißen nach Leopolds Vater Johann Georg Mozart, dann selbstverständlich Chrysostomus nach dem Heiligen seines Geburtstages, des 27. Januar, außerdem Wolfgang nach Anna Marias Vater Wolfgang Nikolaus Pertl und schließlich Gottlieb nach dem Paten Johann Gottlieb Pergmayr. Im Taufbucheintrag liest sich das als Joannes Chrysostomus Wolfgangus Theophilus. Dass er unter einem ganz anderen Namen berühmt werden soll, weil er später etwas schlampig das biedere »Gottlieb« nicht griechisch (Theophilus), sondern französisch als Amadé übersetzt, dass dann daraus ein feierliches Amadeus wird – vermutet noch niemand. Die Wohnung am damaligen Löchelplatz ist für eine kleinbürgerliche vierköpfige Familie in dieser Zeit nicht gerade ärmlich; sie besteht aus einem »Kabinett« genannten Abstellraum, einem Wohn-, einem Schlaf- und einem Arbeitszimmer und natürlich einer Küche. Aber für Prominente ist sie winzig, sogar kläglich. Und prominent sind die Mozarts bald – berühmt für ihre beiden Wunderkinder, vor allem für das jüngere, das in dieser Wohnung mit fünf Jahren seine ersten eigenen Werke, ein Andante und ein Allegro in C-Dur, komponiert hat. Für den umjubelten Sohn ist es oft nur eine Absteige zwischen all den Reisen nach München und London, Mannheim und Paris, Mailand und Wien. Und diese Reisen, qualvoll, teuer und reich an Bestätigung wie Enttäuschung, beginnen schon 1762, als der Knabe erst sechs ist. Insgesamt 26 Jahre wird Leopold Mozart hier hausen, denn verwöhnt ist er nicht, der Sohn eines Augsburger Buchbindermeisters, auch wenn er studierter Philosoph ist und Geiger sowie Vizekapellmeister im Dienst des Fürsterzbischofs, außerdem Verfasser einer Violinschule, die gerade erschienen ist. Schon zu seiner Hochzeit mit Anna Maria vor neun Jahren hat ihm sein Freund Lorenz Hagenauer, der sein Geld mit Delikatessenhandel verdient, die drei Zimmer überlassen. Leopold ahnt nicht, dass er hier vor allem deswegen so lange wohnen bleiben wird, weil er von heute an jedes Opfer dem neugeborenen Sohn bringen wird. Auch Nannerl, die Schwester, noch keine fünf, ist an diesem Abend glücklich aufgeregt über den kleinen Bruder. Sie kann nicht wissen, wie oft sie sei's mit der Mutter, sei's mit dem Vater, einsam, niedergeschlagen und frierend herumsitzen wird, weil das Geld für Heizung und fürs Ausgehen in Gasthöfe, Theater oder Konzerte gespart werden muss. Denn der göttliche Bruder ist mit dem anderen Elternteil auf Tournee und das kostet. Als an diesem 27. Januar 1756 der Säugling seinen ersten Schrei tut, hat niemand die leiseste Ahnung davon, dass sich seinetwegen einmal jeden Tag durchschnittlich tausend Menschen aus der ganzen Welt drängeln und versuchen werden, ein Phänomen zu begreifen, das wohl kein Mensch jemals ganz verstehen wird.

Unverändert
Der Ausblick aus dem Zimmer, in dem Mozart geboren wurde, auf die Fassade der Kollegienkirche.

Unkindlich
Um 1763 porträtierte Pietro Antonio Lorenzoni den sechsjährigen Wolfgang im steifen Galakleid, das Kaiserin Maria Theresia ihm 1762 geschenkt hatte. Seine lilafarbene Ausstattung »war für den Prinzen Maximilian gemacht«, wie der Vater dem Hausherrn Hagenauer schrieb. Das Bild hängt im Geburtshaus.

Zugang zum Mysterium
Historischer Glockenzug an der Eingangstüre zu dem Haus, in dem der laut Wolfgang Hildesheimer »größte und geheimnisvollste Musiker aller Zeiten« geboren wurde.

Einblick in die Vergangenheit
Neun Jahre vor Mozarts Geburt hatte der Violonist Leopold Mozart diese Wohnung im Haus der Kaufmannsfamilie Hagenauer bezogen, erst 1773 zog er um an den Hannibal- heute Makartplatz. Der originale Zahltisch des Delikatessenhändlers Hagenauer steht heute in dem Lokal »Scio's Specereyen« in der Sigmund-Haffner-Gasse 16. Der Lokalinhaber wurde im Mozarthaus geboren.

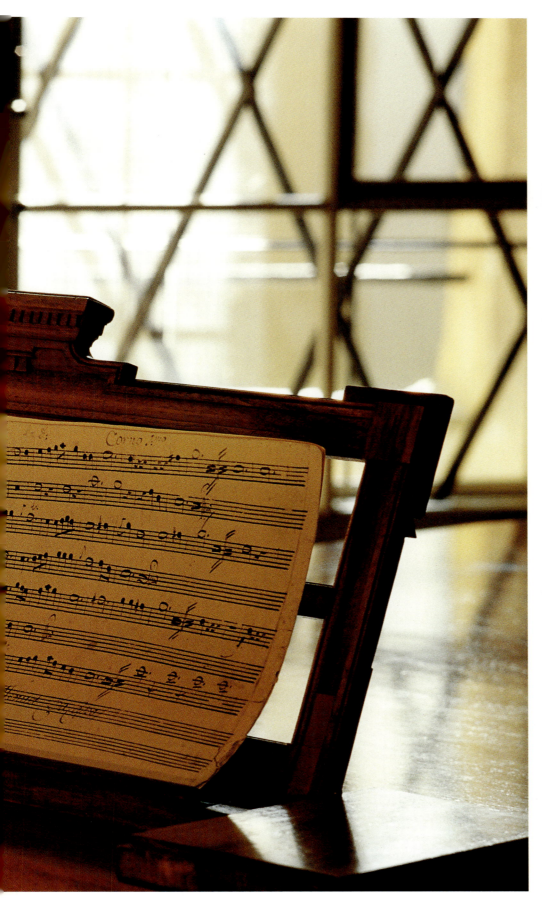

Traum der Mozartliebhaber
In Mozarts Tasten zu greifen. Sein Clavichord mit fünf Oktaven wurde um 1760 gebaut und steht heute im Geburtshaus in der Getreidegasse: Die Mozartwohnung wurde von der Internationalen Stiftung Mozarteum 1880 in ein Museum verwandelt.

Vision einer Mozartliebhaberin
Postum, im Jahr 1819, schuf Barbara Krafft das wohl berühmteste Mozartporträt im Auftrag des Musikenthusiasten Joseph Sonnleithner, der eine Galerie mit Komponistenporträts anlegte. In Salzburg war die unverheiratete, selbstbewusste Malerin als »Person von dreister Manier verschrien«. Als Vorlage diente Mozarts Konterfei im Familienbild (siehe Seite 40), aber die Krafft verwertete auch Beschreibungen, die Mozarts Schwester und andere Zeitgenossen von dem »naserten« Kerl abgaben, der deswegen lieber im Profil gezeigt werden wollte.

Residenz

Residenzplatz 1

Seine Angestellten kennen das schon. Ganz plötzlich kann ihn der Jähzorn packen, kann er brüllen, toben und so unflätig daherreden, wie es einem Stallburschen ansteht, nicht aber einem Erzbischof. Die Umgangsformen des Sigismund III. Graf Schrattenbach lassen zu wünschen übrig. »Ein Steirer, eben«, sagen die Salzburger dann. Auch seine Marotten und Passionen finden manche befremdlich für einen Herrn in seiner Position: Er ist verrückt auf Hunde, liebt Narrenpossen der deftigsten albernsten Art und er spielt leidenschaftlich – gerne auch um Geld; jeden Nachmittag nach dem Rosenkranz entspannt er sich für zwei, drei Stunden mit den Hofkavalieren beim Karten-, Würfel- oder Billardspiel. Schließlich muss der Billardsaal, den Fürst von Harrach, einer seiner Vorgänger, in der Residenz hat einrichten lassen, sich amortisieren. Aber letztlich mögen ihn die meisten Leute, denn Schrattenbach kann großzügig sein, gewährt denen, die er schätzt, die größten Freiheiten, verteilt üppige Geschenke und gewinnt jeden mit seinem aufrichtigen Wohlwollen. Zurzeit jedoch will er nicht wohl: Er misstraut dem, was da geredet wird von einem angeblichen überirdischen, unfasslichen Phänomen. Das sich noch dazu vor seiner Haustür ereignen soll. Schrattenbach kann es gar nicht vermeiden, dass ihm die Gerüchte zugetragen werden, sogar aus geistlichen Kreisen. Der Kerl, dringt es ihm ans Ohr, werde im Ausland überall, wo er auftrete, umjubelt, nein: heiligenmäßig verehrt als einer, den Gott beschenkt hat. Und wenn es um Gott und dessen Geschenke geht, will der Fürsterzbischof von Salzburg mitreden. Manche behaupten freilich, das Ganze sei ein fauler Zauber. Und die Briefe aus dem Ausland, die ausgiebig die Triumphe des Wunderkinds beschreiben, seien reine Propaganda. Werbefeldzüge zur wunderbaren Geldvermehrung. Schließlich heißt der kleine Kerl Mozart, Wolfgang Mozart, und der Vater ist als Musiker bei Schrattenbach angestellt, Vizekapellmeister in erzbischöflichen Diensten. Der Verdacht liegt nahe und der Klatsch flüstert es: Nicht Gott gebe dem Kind die genialen Einfälle ein, sondern der ehrgeizige Vater. Schrattenbach ist ein barocker Mensch, der gerne an die tiefe Wahrheit von Legenden glaubt. Und in Legenden gibt es ein bewährtes Mittel, Wunder zu überprüfen. Wer angeblich mächtig ist, Überirdisches zu bewirken, wird einfach eingesperrt. Dann kann er zeigen, ob da höchst menschliche Tricks im Spiel sind oder wahrhaftig ein göttliches Genie. Der Erzbischof will es wissen. Da hat er seinem Vizekapellmeister Leopold Mozart monatelang bezahlten Urlaub gegeben, ihm erlaubt, mit den beiden Wunderkindern Nannerl und Wolfgang Reisen nach Wien, Paris und London zu machen. Es wäre also recht peinlich, käme heraus, dass er einem Schwindel aufgesessen ist. Narrenpossen, wie Schrattenbach sie gerne mag, sind voller List und zuweilen auch Tücke. Die erzbischöfliche Idee also: Ein Oratorium soll komponiert werden, eines der alle halbe Jahre fälligen Schuldramen, die von den älteren Schülern aufgeführt werden. Wobei in diesem Fall die Sänger professionelle sind, sogar die junge Maria Magdalena Lipp ist vorgesehen, die von Haydn nicht nur wegen ihrer schönen Stimme umschwärmt wird. Das Thema klingt nicht eben kindgerecht: »Die Schuldigkeit des ersten Gebots«. Drei Teile soll das Werk haben und drei Komponisten sollen sich daran versuchen – ein Teil pro Tonsetzer. Der renommierte Komponist und Domorganist Cajetan Adlgasser hat den dritten Teil zu übernehmen, der hier überall anerkannte, sogar bewunderte Johann Michael Haydn, der jüngere Bruder des berühmten Joseph, den zweiten. Und dann soll dieses minderjährige Phantom seine Chance bekommen, das angeblich mit seinen Werken die Aristokraten Europas verstum-

Interpretin eines Wunders
Eine junge Geigerin beim Salzburger Musikfestival »Toujours Mozart«.

Zeuge eines Wunders
Der große Förderer des kleinen Mozart, Fürsterzbischof Sigismund III. Graf Schrattenbach (1698–1771), porträtiert von Franz Xaver König, 1755. Das Bildnis befindet sich im Salzburger Dommuseum.

Frühes Meisterwerk
Als Zwölfjähriger komponierte Mozart das Singspiel »Bastien und Bastienne« für den Wiener Prominentenarzt Franz Anton Mesmer. Hier eine Aufführung von 2002 in der Salzburger Residenz beim Musikfestival »Toujours Mozart«, das jedes Jahr zur Feier von Mozarts Geburtstag stattfindet.

Frühe Sensation
In der fürstbischöflichen Residenz (rechts der Audienzsaal) feierte Mozart mit elf Jahren seinen ersten Triumph als Komponist: 1767 wurde im Rittersaal – einem der 1709–1711 von dem Barockbaumeister Johann Lukas von Hildebrandt gestalteten Prunkräume – das dreiteilige Singspiel »Die Schuldigkeit des ersten Gebots« uraufgeführt – Teil eins stammt vom Wunderkind.

men lässt: Wolfgang Mozart, hier geboren, hier getauft, hier ansässig, erhält den Auftrag, Teil eins zu vertonen. Das Alter spielt bei diesem Wettkampf keine Rolle: Adlgasser ist 38 Jahre, Haydn dreißig, Mozart elf. Ob er überhaupt den Text verstehen kann, der hier zu Grunde gelegt wird? Eine Allegorie über den Christen, der sich zwischen »Weltgeist« und »Christgeist« entscheiden muss – ein Herkules am Scheidewege im Namen Gottes. Versteht ein Elfjähriger, worum es hier geht? Mit welchen musikalischen Mitteln kann der lustbetonte Weltgeist den frommen entsagenden Christgeist bei dem wankenden Gläubigen ausstechen? Um der Wahrheit auf die Schliche zu kommen, soll der angebliche Wunderknabe sein musikalisches Gold unter kontrollierten Bedingungen spinnen. Die Residenz, in der Schrattenbach seinen Amts- und Wohnsitz hat, birgt ein Labyrinth von Räumen. In einem wird mit Einwilligung der Eltern der kleine Mozart eingesperrt. Nach fünf Tagen zeigt er vor, was er dort getrieben hat: Mit einer leichten, unfasslich routinierten Notenschrift hat er Seite um Seite gefüllt, die drei Sopran- und zwei Tenorstimmen zu Ensembles vereint, das Ganze reich orchestriert. Hören kann das erst mal noch keiner, nur er selbst hört es in sich. Am 12. März 1767 ist im ersten Stock der Residenz, im Rittersaal, die Bühnenstaffage aufgebaut. Teure Barocksessel stehen für das Publikum bereit. Ganz vorn in der Mitte sitzt, geschmückt mit dem Brustkreuz am roten Band und dem diamantbesetzten Bischofsring, eine modische Perücke in kleinen Wellen auf dem fast gnomenhaften Kopf mit hoher gewölbter Stirn, der Erzbischof. Und nun hören es alle, was der Elfjährige kann. Die Sinfonia, die er als Ouvertüre gedacht hat, ist so gekonnt gemacht, als habe da einer mit zwanzig Jahren Berufserfahrung gesessen, doch dann kommen die sieben Arien mit Rezitativen. An die Vorgabe, auf »Verlängerungs-Zierraden« sprich Koloraturen zu verzichten, hat sich der juvenile Komponist allerdings ebenso wenig gehalten wie an die Vorschrift, eine »bestimmte Kürze beizubehalten«. Eineinhalb Stunden dauert dieser erste Teil. Doch die Zuhörer merken wohl nicht, wie die Zeit vergeht. Woher hat das Kind die Gabe, die Freuden der Welt im hüpfenden, tänzerischen Dreiertakt so verlockend zu machen? Woher weiß es, wie es die drohenden Schrecken des Jüngsten Gerichts in Töne setzen muss? Als dann die Altposaune drohend erklingt und der Christ bebend seine Angst zugibt, ist Schrattenbach überwältigt. Mit seinen Mitteln zeigt er, wie tief ihn das Kind beeindruckt hat: »Den 18. dem kleinen Mozartl wegen Componirung der Musig (sic) zu einem Oratorio eine Medaglie von Gold à 12 Ducaten ... 16 fl.«, ist sechs Tage danach im »Verzeichnis der Salzburger Schatullgelder« vermerkt. Keine spektakuläre Gabe gemessen an dem, was Kaiserinnen und Könige für das Kind springen lassen, aber so viel, wie mancher Salzburger Handwerker in einem ganzen Monat verdient. Und Leopold weiß, dass diese Gabe noch mehr wert ist, denn sie bedeutet die offizielle Anerkennung eines Wunders.

Mozartdenkmal

Mozartplatz

Ein makelloser klarer Herbsttag bricht an an diesem 4. September. Aber es ist kühl. Trotzdem ist der Platz voll mit Menschen. Es riecht nach Naphthalin, denn sie haben ihre selten getragene Festtagskleidung an. Sämtliche Tribünenplätze sind vergeben, hinter den Holzpodesten wird geschoben und gedrängelt. Alle wollen dabei sein bei dem Ereignis, das in ganz Europa als längst überfällig gilt: dass Salzburgs eigentliches Heldendenkmal enthüllt wird – Ludwig Michael Schwanthalers Mozart-Standbild. Zwar sind die meisten der eingeladenen Prominenten nicht gekommen – weder Schumann noch Liszt. Auch kein einziger aus dem Hause Habsburg hat Mozart der Ehre für wert befunden, nur die Witwe des Kaisers ist da, Carolina Augusta, und ihr Bruder, der bayrische König Ludwig I., mit Therese, seiner Frau, die das Ganze natürlich von oben herab betrachten – von Fensterplätzen aus. Und wie könnte es anders sein: auch Grillparzers Gedicht, das der Verfasser zu stiften versprochen hat, ist nicht rechtzeitig eingetroffen, der Dichter selbst ebenso wenig; er sei zu spät eingeladen worden und jetzt leider verplant, heißt es. Am Zulauf ändert das nichts. Touristen drängen seit Tagen in die Stadt, alle Gasthöfe sind ausgebucht. Seit Wochen ist Salzburg in hektischer Vorbereitung begriffen. Schließlich lockt ein sattes Geschäft am Rand der Feier. Sämtliche Läden der Stadt prangen von Mozartmemorabilien – Mozartbüsten, Mozartbroten und Mozartweinen, Mozartpfeifen, Mozartnadeln und Mozartstatuetten. Aus jeder Kirche, jeder Schule, jedem Festsaal dringen Mozartklänge, denn überall wird etwas vom Meister geprobt. Und wer irgendwelche Reliquien des Genies anzubieten hat, nutzt jetzt die Gelegenheit, einen Rekordpreis zu erzielen: Drei Tage vor der Denkmals-Einweihung hat im »Intelligenzblatt zur kaiserl.-königl. Privilegierten Salzburger Zeitung« der Musiker Lenk eine Stainer-Geige angeboten, auf der Mozart viele Konzerte gespielt haben soll. Die Salzburger wollen endlich profitieren von den Mühen, dem Ärger, den Streitereien, die dieses Fest im Voraus beschert hat. Lange genug haben sie gebraucht, die Vorbereitungen. Zu lange – denn der wichtigste Ehrengast ist im Frühling gestorben. Acht Jahre ist es her, seit der erste Aufruf ergangen war, den berühmtesten Sohn der Stadt, der diese Mutter sein Leben lang hasste, mit einem Denkmal zu würdigen. So gut wie kein Aufwand wurde gescheut, die Statue hier am Michaelerplatz aufzustellen. Klaglos hat man den barocken Michaelsbrunnen abgerissen, um Platz zu schaffen – was neben der Flut schwülstiger Mozarthymnen auch ein Spottgedicht beschert hat. Überschrieben: »Mozarts Verherrlichung, Michaels Zerstörung«. »Die Salzburger Herrn, von Mozart entzückt! Die machen Spetakels als wern's verrückt«, beginnt der Text eines in Salzburg unerwünschten anonymen Lästermauls. Doch kaum einer hört auf ihn. Alle fiebern dem Augenblick entgegen, wo die Bronze von der weißen Leinwand enthüllt werden wird. Die Mozartverehrer wollen ein Fest ohne Schatten. Schon seit 1837 waren Bittgesuche, vulgo Bettelbriefe verschickt worden, um Spenden für das Denkmal zu sammeln, die meisten unterschrieben mit »Constanze Etatsräthin von Nissen, gewesene Wittwe Mozart«. Da war sie bereits 75, aber energisch wie eine junge Politikergattin. Sie hatte sich persönlich dafür eingesetzt, dass die Spitze des barocken Michaeli-Türmchens abgetragen werden sollte, das angeblich aus bestimmten Blickwinkeln die Statue erdrücken, jedenfalls überragen würde. Angeblich hatte sie das auf Wunsch Schwanthalers getan, in Wahrheit aber aus eigenem Bestreben, denn ihr ehemaliger Gatte konnte ihr nicht groß genug herauskommen. In dieser Sache blieb sie

Was er nicht mehr sah
Mozarts Denkmal, geschaffen von Ludwig Michael Schwanthaler und Johann Baptist Stiglmaier. Damit das Denkmal 1841 aufgestellt werden konnte, wurde ein Brunnen mit barocker Michaelsstatue abgerissen. Im Hintergrund der Turm der Michaelerkirche, nach der der Platz damals benannt war.

Was er nicht mehr erlebte
Eng umschlungen zeigen sich Mozarts Söhne Carl Thomas (1784–1858) und Franz Xaver Wolfgang (1791–1844) auf einem Gemälde von Hans Hansen um 1798.

zwar erfolglos, was die Spenden anging, hatte sie jedoch einen unvorstellbaren Erfolg: Das Denkmal war zu guter Letzt überzahlt. König Ludwig I. hatte großzügig gestiftet und auch der Pariser Bankier Baron Jacob von Rothschild. Verschoben hatte sich die Einweihung wegen eines glücklichen Funds: 1841 waren auf dem vorgesehenen Baugrund bei den Grabungsarbeiten für die Grundfeste römische Mosaiken seltener Qualität zum Vorschein gekommen. Eines war mit der Inschrift versehen: *Hic habitat felicitas* – Hier wohnt das Glück. Unglücklicherweise hatte dieser Fund zur Folge, dass Constanze Mozart – endlich einmal Hauptperson – die Einweihung nicht mehr erlebte: Am 6. März war sie mit achtzig Jahren an einer Lungenlähmung gestorben. Dabei lag direkt am Michaelerplatz, der nun Mozartplatz heißen sollte, ihre Wohnung, geradezu geschaffen als Königinnen-Loge. Nun steht dort ihre jüngste Schwester Sophie Haibel, die dem sterbenskranken Mozart eine wattierte Weste genäht hat und – im Gegensatz zu Constanze – bei seinem Tod dabei gewesen ist. Auch sie wird das Fenster geöffnet haben, denn wie die Gäste auf der Tribüne unten und wie alle, die sich in den Straßen und Gassen dahinter drängen, will sie hören, was da uraufgeführt wird. Ein noch nie gehörtes Mozartwerk, zu diesem Anlass von Franz Xaver Wolfgang Mozart,

Arbeitsplatz eines Wunderkinds
Im Antretterhaus verdiente sich Nannerl ihren Unterhalt als Klavierlehrerin der Tochter. Leopold Mozart unterrichtete die Söhne und Wolfgang spielte mit Thaddä Antretter, dem er 1773 zum Studienabschluss eine Komposition widmete.

dem jüngeren der beiden Söhne, komponiert. Oder besser gesagt: kompiliert. Eigentlich hatte er den Auftrag zu einer Hymne bekommen, vielleicht hatte er angesichts der Bedeutung des Ereignisses und aus Angst vor dem Vergleich mit dem Vater einen Festchor nach Kompositionen Mozarts zusammengestellt. Mozarts Sohn hat ihn nur unterlegt mit einer eigenen Dichtung. Auch sein älterer Bruder Carl Thomas ist aus Mailand angereist. Ihre Tante Sophie, die einst eine erfolgreiche Mozartsängerin in Wien war, fragt sich, warum keiner ihrer Neffen das Genie des Vaters geerbt hat. Und als dann die Hülle fällt und die glänzende Bronze zu sehen ist, wundert sie sich wahrscheinlich, was dieser Heroe in Toga mit edel geschnittenen Gesichtszügen mit ihrem verstorbenen Schwager zu tun haben soll, einem kleinwüchsigen Kerl mit Knollennase, schlechten Zähnen, Blatternarben, fliehendem Kinn und einem leichten Schielen. Die Mozartverklärung hat begonnen. Und da hat die Wirklichkeit nichts mehr zu suchen.

Barisanihaus   Sigmund-Haffner-Gasse 12

Sie ist fünfzig, als ihr Leben noch einmal beginnt. Denn ihr Mann ist endlich tot. Die vier Kinder aus dessen ersten beiden Ehen, die sie großgezogen hat – dumpfe, desinteressierte Kinder – sind nun alt genug, um sich selbst zu versorgen. Zwei Kinder, ein Stiefkind und ein eigenes, sind gestorben. Kümmern muss sie sich also nur noch um ihren Sohn Leopold, mittlerweile sechzehn, und ihre zwölfjährige Tochter Jeanette, die eigentlich Johanna heißt. Das Leben beginnt, weil sie alles hinter sich lassen kann, was sie bedrückt und beengt hat. Diese Gegend, die sie eine »Einöde« genannt hat, in der ihr der Winter, klagte sie dem Vater, »wie in Sibirien« vorkam, dieses Kaff ohne Kultur, dieses biedere zweigeschossige Haus – einfach alles, was sie an ihre langweilige, lähmende Vernunftehe erinnert. Den Umzug hat sie mit großer Energie hinter sich gebracht. Mehrmals mussten die Pferdewagen von St. Gilgen am Wolfgangsee nach Salzburg fahren, bis alles da war. Denn sie zieht in das Haus ihres ehemaligen Arztes, Dr. Barisani, mit einem beträchtlichen Hausrat ein. Mit einem Hammerflügel, auf dem sie schon mit ihrem Bruder gespielt hat, einem Clavichord und einem Cembalo – alle Instrumente mitgenommen vom feuchten Klima und der mangelnden Pflege am Wolfgangsee. Sie hat Kommoden dabei, mehrere Schränke, Sitzmöbel jeder Art, sieben Tische, Noten, Bücher, Gemälde und Miniaturen, ihre vielen Hauben, ihre ausgefallenen Hüte, die teuren, wenn auch nicht mehr neuen Kleider, vier davon aus reiner Seide. Und dann hat sie natürlich noch Kisten voller Erinnerungen an ihn mitgebracht, an den wichtigsten Menschen in ihrem Leben, der schon vor zehn Jahren gestorben ist: an Wolfgang. Es ist eine verschlafene, schöne, etwas heruntergekommene Stadt, keine Metropole, in der sie nun leben will. Aber es ist ihre Heimatstadt und gemessen an St. Gilgen, wo sie die letzten siebzehn Jahre verbracht hat, geradezu aufregend. Nein, die gut aussehende Fünfzigjährige ist keine Provinzlerin: Sie hat viel von der Welt gesehen, diese Maria Anna Walburga Ignatia Freifrau von Berchtold zu Sonnenburg, hier besser bekannt als Nannerl, geborene Mozart. In jungen Jahren schon war sie in Wien und Paris, Heidelberg und Lyon, Amsterdam und London. Sie kennt die Schweiz und das Schloss von Versailles. Und den internationalen Hochadel natürlich auch. Lange ist sie so gut wie gar nicht mehr unterwegs gewesen, denn ihr verstorbener Mann, ein geiziger, pedantischer und ängstlicher Beamter, war absolut reiseunwillig. Maria Anna ist froh, endlich wieder in Salzburg leben zu dürfen, wo sie für die meisten »das Nannerl« ist. Schon aus gesellschaftlichen und kulturellen Gründen. Auf Bälle und auf Reisen kann sie als allein stehende Frau nicht gehen, das gehört sich nicht. Und einige ihrer alten Salzburger Freundinnen sind tot. Aber noch ist ihre engste und lustigste Vertraute am Leben, das Catherl Gilowsky, auch die vergnügte Eberlin Waberl – Maria Barbara Eberlin – und die altvertraute Zezi Waberl – Barbara Zezi. Außerdem gibt es einige Familien, mit denen sie früher so engen Kontakt pflegte, dass sie ihn jederzeit wieder aufleben lassen kann; die Hoforganisten-Familie Adlgasser zum Beispiel, deren Jüngste bei Nannerl Klavierspielen gelernt hat, oder die Antretters, in deren schönem Anwesen sie ebenfalls früher die Tochter unterrichtet hat. Die fünfzigjährige Witwe ist voller Unternehmungsgeist. Endlich wieder ins Theater gehen und in Konzerte, die Messe wieder in der prächtigen Dreifaltigkeitskirche am Hannibalplatz besuchen und nicht mehr in der braven Dorfkirche St. Ägydius in St. Gilgen. Es belebt sie zudem das Gefühl,

Wege der Erinnerung
Die Haffnergasse. Als sie verwitwet aus St. Gilgen nach Salzburg zurückkam, zog Mozarts Schwester Maria Anna, »Nannerl« (1751–1829, hier mit etwa 40 Jahren), ins so genannte Barisanihaus, in dem sie in jungen Jahren die Töchter von Dr. Sylvester Barisani, fürstbischöflicher Leibarzt und Hausarzt der Mozarts, unterrichtet hatte. In der damaligen Kirch- oder Pfarrgasse wohnte auch die mit Mozarts befreundete Famillie Haffner. Sigmund Haffner der Ältere, nach dem die Gasse 1873 benannt wurde, war Bankier des Fürstbischofs und Bürgermeister von Salzburg. Für den Polterabend von Elisabeth Haffner komponierte Mozart die Serenade D-Dur (Haffner-Serenade), für die Nobilitierung Sigmunds 1782 eine zweite Serenade, die er später zur Haffner-Symphonie umarbeitete.

gebraucht zu werden. Mit Feuereifer will sie sich jetzt in die Arbeit für den Notenverlag Breitkopf & Härtel stürzen, die von ihr Hilfe erwarten: Wer wenn nicht sie kann Ordnung bringen in Mozarts Werke, wer kann besser als sie, seine Schwester, entscheiden, was ihm fälschlicherweise zugeschrieben worden ist und was von den unveröffentlichten Kompositionen dringend gedruckt werden soll? Finanziell geht es ihr besser als in der Zeit davor, wo sie sehr sparsam wirtschaften musste: Jetzt verfügt die Freifrau von Berchtold zu Sonnenburg über die Pension ihres Mannes – immerhin 300 Gulden im Jahr. Und sie hat wieder die Möglichkeit, mit Klavierstunden etwas dazu zu verdienen. Die Wohnung im Barisanihaus ist großzügig und bietet auch Platz für Gäste. Wie sehr sehnt sich Nannerl nach Gästen. Das Kanapee mit den zugehörigen acht Sesseln, bezogen mit geblümtem Atlasseidengewebe, kann sich durchaus sehen lassen, auch über feine Tischwäsche, Silberbesteck, Porzellan und Kerzenleuchter verfügt sie reichlich. Und dann sind natürlich für jeden Besucher die vielen Erinnerungsstücke an den berühmten Bruder interessant; allerdings hat sie das Familienbild, das sie mit Wolfgang an eben jenem Hammerflügel zeigt, der nun mitten im Musikzimmer steht, direkt neben ihr Bett, ins Schlafzimmer gehängt. Es ist aber nicht nur Heiterkeit, die die Freifrau in Salzburg erwartet, nicht nur frohe Erinnerungen steigen auf. Die traurigen holen sie ebenso ein. Zum Beispiel an die große Liebe ihres Lebens. Franz Armand d'Ippold. Elf Jahre ist er schon tot und zwanzig Jahre ist es her, dass er für sie gestorben war. Mit 28 Jahren hatte sie sich leidenschaftlich in ihn verliebt, den Hofkriegsrat und Direktor der Pagerie, hat sich mit ihm in der Kirche getroffen, ihn aber auch mit Einwilligung und natürlich in Gegenwart des Vaters im Tanzmeisterhaus empfangen. Gern hatte Franz Armand zugehört, wenn das Nannerl Mozart bei Hauskonzerten in dem weiten parkettierten Saal wieder einmal zeigte, was für eine überragende Pianistin sie war. Und jeden spüren ließ, dass damals, als sie noch mit dem Bruder auf Tournee war, zu Recht nicht nur die Schönheit ihres ebenmäßigen Gesichts und ihrer Figur gelobt wurde, sondern auch die ihres brillanten Spiels. Zwanzig Jahre ist es her, als sie – immerhin schon dreißig – dem Vater erklärt hatte, sie wolle den 49-Jährigen heiraten, der so heftig um sie

Gruppenbild mit einer Toten
Um 1780, als dieses Familienporträt der Mozarts im Tanzmeisterhaus entstand – irrtümlich dem Maler Johann Nepomuk della Croce zugeschrieben –, war Leopolds Frau Anna Maria (1720–1778) bereits gestorben. Bei diesem Gemälde bedienten sich zahlreiche spätere Porträtisten, auch der des Nannerl-Bildnisses (auf Seite 39).

41

42

warb. Seine Stellung war ehrenwert, sein Gehalt aber mager – viel zu mager, um eine Frau und Dienstboten und vielleicht auch noch Kinder zu unterhalten. Dass Nannerl, die seit jungen Jahren mit Konzerten und Klavierunterricht gutes Geld verdient hatte, damals überhaupt gar nichts besaß, hatte sie ihrem berühmten Bruder zu verdanken: Für dessen Parisreise machte die Familie Mozart so hohe Schulden, dass auch Nannerls Ersparnisse völlig aufgefressen wurden. Es war ihr als nur richtig und keineswegs schamlos erschienen, sich nun an den Bruder in Wien zu wenden. Erst hatte der Bräutigam Franz d'Ippold, dann hatte sie selbst an Wolfgang Amadé geschrieben, der damals zu Jahresanfang 1782 zu den Spitzenverdienern in der Musikbranche gehörte: In einer Woche nahm er durchschnittlich 200 Gulden ein. Wenn er ein Konzert gab und als Pianist der eigenen Werke auftrat, kassierte er dafür pro Abend oder auch für eine Matinee 500 bis 1000 Gulden. Und 1000 Wiener Gulden wären bereits eine satte Mitgift gewesen für die Frau, die Mozart seine »liebste Herzensschwester« nannte. Doch für ihre Herzensangelegenheit stiftete er nichts. Er überhörte ihre Bitten. Die Liebesheirat scheiterte und 1784 beschloss Nannerl, eine schwer zu vermittelnde Frau von über dreißig, den Pfleger von St. Gilgen zu heiraten, der nur scheinbar aus vornehmer Familie stammte: Bald erfuhr sie, dass der eine Bruder Trinker war und der andere seine Frau verdrosch. In Salzburg wunderte sich jeder, dass der abgewiesene Liebhaber Franz Armand d'Ippold weiterhin mit Leopold Mozart, Nannerls Vater, verkehrte, sein Freund war und über ihn Geschenke nach St. Gilgen senden ließ, mal eine Ananas, mal ein paar ausgewählte Birnen. Und manche tratschten darüber, dass sich ausgerechnet d'Ippold wie ein Vater um Nannerls erstes Kind, den kleinen Leopold, kümmerte, der im Tanzmeisterhaus zur Welt kam und dort mit Kindermädchen und Großpapa lebte, bis dieser an so genannter Milzverstopfung starb. Wenn sie auf dem Weg zur Dreifaltigkeitskirche an dem ehemaligen Wohnhaus vorbeigeht, denkt sie natürlich daran. Und erinnert sich genau, was der wahre Grund für das Scheitern ihrer Hoffnungen war: Nicht Leopold, der gern als streng geschmähte Vater, hatte ihr Glück mit Franz Armand verhindert, auch nicht der Bruder, der niemandem als Geizhals bekannt war, sondern als hemmungslos schenkfreudig. Nein, schuld an allem war Constanze, ihre Schwägerin, gewesen, raffgierig, verschwendungssüchtig, egoistisch und dauerverschuldet wie alle

aus dieser Sippe, die beim alten Mozart nur abschätzig unter »die Weberischen« liefen. Die hatte der »Herzensschwester« von Wolfgang keinen Gulden gegönnt. Bei jedem Kirchgang kocht das nun wieder in ihr hoch. Umso mehr, als in der Dreifaltigkeitsgasse, in der Fischer von Erlachs Prachtbau steht, ihr ehemaliger Geliebter seinen Arbeitsplatz gehabt hatte. Was so nostalgisch begonnen hat, diese späte Rückkehr ins vermisste Salzburg, wird täglich schmerzlicher. Nannerl hat gehofft, die Migräneanfälle endlich los zu sein, die sie seit ihrer Jugend quälen und die immer dann auftreten, wenn sie sich hilflos irgendwelchen Angriffen oder Belastungen ausgesetzt fühlt, doch es sieht nicht nach Entspannung aus: Die liebste Freundin Catherl stirbt ein Jahr nach Nannerls Umzug, drei Jahre danach die Tochter Jeanette. Und schließlich zieht auch die verhasste Constanze, die mit dem dänischen Etatsrat Nissen eine lukrative zweite Ehe eingegangen ist, nach Salzburg. Als dieser dann 1826 stirbt, reizt Constanze die ohnehin erschöpfte Geduld der Schwägerin bis zum Äußersten: Ausgerechnet dort, auf dem Sebastiansfriedhof, wo Nannerl selbst einmal begraben werden will, an der Seite ihres Vaters und ihrer Tochter Jeanette, lässt Constanze, die sich vollmundig »Etatsrätin von Nissen« nennt, den Nachfolger Wolfgangs mit großem Pomp bestatten. Und sie räumt nun nicht etwa das

Genien rund um den Genius
Sie bevölkern die Innenseite eines Cembalodeckels im Mozartwohnhaus, dem ehemaligen so genannten Tanzmeisterhaus, und musizieren, geschnitzt und vergoldet, an einer Hausorgel, die sich im Tanzsaal befindet. Nannerl hatte mit Bruder, Vater und Freunden dort Feste gefeiert und Hauskonzerte veranstaltet. In der ersten Etage betreibt heute die Internationale Stiftung Mozarteum ein Museum, im Erdgeschoss versorgt die »Mozarthaus Handel-Versandgesellschaft« die Welt mit Souvenirs.

Feld, um zurück nach Wien oder in die eigentliche Heimatstadt Mannheim zu ziehen, sie nimmt sich eine Wohnung an dem Platz, der später Mozartplatz heißen soll und nur fünf Gehminuten von der Wohnung der Freifrau von Berchtold zu Sonnenburg entfernt liegt. Aber Nannerl glaubt nicht nur an Gott, sie glaubt auch an irdische Gerechtigkeit. Und erfährt sie noch in jenen Jahren im Barisanihaus. Es gibt Menschen, die diese feine alte Dame mit den schmalen langen Händen zu würdigen wissen, die weder ihre große pianistische Begabung vergessen haben noch ihre Bedeutung für den legendären Bruder. Sie nimmt nach und nach Abschied von dem, was an Wolfgang erinnert. Es ist keine Geldnot – sie hält ihre Mittel zusammen und hinterlässt ein für ihr Einkommen beträchtliches Erbe –, es ist mehr das Bedürfnis, die nun so wertvoll gewordenen Dinge am richtigen Ort zu wissen. 1820 verkauft sie Mozarts Kinder- und Konzertgeige an Leopold Trestl, den Vater einer Klavierschülerin, und schenkt ihm als Dreingabe ein Miniaturbildnis des Bruders. Nicht nur Menschen, die aus professionellen Gründen Interesse an Mozart haben, kontaktieren Nannerl. Wieder einmal meldet sich Wolfgang Amadeus Mozart II., der jüngere ihrer Neffen, den seine ehrgeizige Mutter Constanze hat umtaufen lassen – eigentlich heißt er Franz Xaver. Geboren in Mozarts Todesjahr erinnert er sich nicht mehr an den Vater, ist also umso begieriger, über ihn von denen, die ihn am intimsten kannten, viel zu erfahren. Jetzt, wo deutlich wird, dass er nie mehr als ein ordentlicher Tonsetzer sein wird, wo der Genietraum seiner Mutter ausgeträumt und sein Dasein gemütlicher geworden ist, nimmt sich Franz Xaver Mozart Zeit für eine Exkursion in die Vergangenheit. Sein Kopf, seine Seele vor allem ist frei für den übergroßen Vater. 1821 reist der Dreißigjährige in Salzburg an und notiert begeistert in sein Tagebuch: »Ich ließ mich wie leicht zu denken gleich zu meiner Tante führen, die sich über meine Ankunft freute. Im July wird sie 70 Jahr, u(nd) sieht noch recht gut aus; leider hatte sie vor einigen Jahren das Unglück, ihr rechtes Auge zu verlieren. Sie ist lebhaft, u(nd) erinnert sich ihres Bruders u(nd) der zusammen gemachten Reisen, obwohl seither sechzig Jahre verflossen sind.« Nannerl will den Neffen so häufig wie möglich um sich haben und veranlasst, dass Franz Xaver aus dem Gasthof umzieht ins Barisanihaus. Und dann, im Jahr ihres Todes, treffen am 14. Juli zwei der ergebensten Mozartverehrer aus London in Salzburg ein: Mary und Vincent Novello, letzterer selbst Organist und Komponist. Natürlich gieren sie danach, auch die Schwester ihres Abgottes kennen zu lernen, obwohl ihnen verraten wird, dass sie bettlägrig sei. Es wird ihnen auch vertraulich mitgeteilt, die Gute sei völlig verarmt – was den Tatsachen widerspricht. Möglicherweise hat das Constanze den Verehrern eingeflüstert, sei es aus Mitleid, sei es um Nannerl herabzuwürdigen. Sie ist es jedenfalls, die eine Spendenquittung über 63 englische Pfund unterschreibt, von den Novellos bei Mozartfreunden in der Heimat zusammengetragen. Franz Xaver, gerade bei der Mutter zu Besuch, fährt die Novellos zu Nannerl hinüber. Die Gäste haben jede Menge Fragen an die alte Dame. Immerhin, haben sie erfahren, hat sie sich zwei Tage vor dem Eintreffen der Novellos in Salzburg noch ans Klavier tragen lassen und konnte mit der rechten Hand noch spielen. Doch die Novellos finden eine blasse, schon weltentrückte Greisin vor, blind, entkräftet und nur mühsam imstande zu sprechen. Dennoch sind sie von der Begegnung weniger enttäuscht als gerührt. »Wie die meisten Blinden«, berichtet Mary, »ist sie für Berührung sehr empfindlich. Sie hielt unsere Hände fest in den ihrigen und fragte, wer der Herr und wer Madame sei und kränkte sich sehr, dass wir nicht deutsch sprechen konnten.« Immerhin ermuntert sie die Besucher, sich ungeniert umzusehen in der Wohnung. Das lassen die beiden sich nicht zweimal sagen – zur Freude der Nachwelt, denn alles wird protokolliert. Kurz darauf stirbt Mozarts einst so umjubelte Schwester im Barisanihaus. Keine Zeitung berichtet von ihrem Tod. Beerdigt wird sie auf eigenen Wunsch in der Kommunegruft von St. Peter, weit genug weg von jenem Grab, das die Schwägerin in ihren Augen geschändet hat. Weit entfernt denkt einer an sie und weint um sie: Vincent Novello. In der Kapelle der portugiesischen Botschaft von London dirigiert er ihr zu Ehren Mozarts »Requiem«. Er weilt dabei in Gedanken wahrscheinlich in Salzburg, im Haus des Dr. Sylvester Barisani.

Denkmal eines Familienkriegs
Das Grab auf dem Sebastiansfriedhof in der Linzer Gasse. Die Großmutter von Nannerl und Wolfgang, Eva Rosina (= Euphrosina) Pertl, der Vater Leopold und Nannerls Tochter Jeanette liegen hier. Constanze jedoch hat das Grab für ihre Familie erobert: Es folgten ihre Tante Genoveva Weber, die Mutter des berühmten Carl Maria, ihr zweiter Mann, Konsul Nissen, ihre Schwester Aloysia Lange, Mozarts erste Liebe, dann Constanze selbst und ihre jüngste Schwester, Sophie Haibel. Constanze hatte in den Sockel unter dem Kreuz nur den Namen ihres zweiten Mannes eintragen lassen. Erst nachträglich wurde die Tafel mit dem Namen Leopold Mozarts aufgestellt.

STIFTSKIRCHE ST. PETER ST.-PETER-BEZIRK

Alle haben darauf gewartet. Gespannt sitzen sie im Weihrauchdunst der festtäglich illuminierten Peterskirche und verdrehen die Köpfe zur Orgel-Empore. Es ist Sonntag, der 26. Oktober. Seit Juli, also schon an die drei Monate, ist er in der Stadt, der prominente Gast aus Wien. Erst jetzt ist in Salzburg öffentlich etwas von ihm zu hören. Dabei hat er es, heißt es, hoch und heilig versprochen, hier, in Salzburg, eine neu komponierte Messe aufzuführen. Ziert er sich? Sind ihm die Erfolge in Wien zu Kopf gestiegen? Hat er es als Großverdiener nicht mehr nötig? Schließlich ist es auch hier den Leuten zu Ohren gekommen, welche Triumphe Mozart, den die Salzburger nun plötzlich den ihren nennen, an der Donau feiert. Dass er an Weihnachten vor eineinhalb Jahren in der Hofburg beim Virtuosenwettstreit gegen den Italiener Clementi angetreten und einwandfrei als Sieger hervorgegangen sei. Und dass letztes Jahr seine Oper »Die Entführung aus dem Serail« monatelang vor ausverkauftem Haus gespielt worden ist. Was die Salzburger nicht wissen ist, dass Mozart und seine Frau ziemlich erholungsbedürftig gewesen sind, als sie Ende Juli in Salzburg landeten. Und dass sie froh waren, dem Sommer in Wien zu entkommen, wo die Hitze bewegungslos in den Gassen steht, auf den Plätzen brütet. In Salzburg hingegen weht fast immer ein angenehmer Wind, die Luft ist frisch und würzig und regelmäßig putzt ein Gewitterregen die Atmosphäre richtig durch. Die beiden Mozarts sehen blass und angestrengt aus, was niemanden zu wundern bräuchte. Drei Umzüge haben sie in Wien seit dem letzten Sommer hinter sich gebracht; zuerst hatten sie kurz nach der Hochzeit zweieinhalb schöne lichte Zimmer bezogen, mussten die im Februar bereits gegen eine schäbige, feuchte Wohnung am Kohlmarkt eintauschen, weil sie die Miete schuldig blieben – eine Freundschaftsmiete von fünf Gulden im Monat und eigentlich ein Klacks, für einen Star wie Mozart, der pro Abend an die 1000 verdienen kann. Und dann waren sie, Constanze hochschwanger, noch einmal umgezogen, in bessere Räumlichkeiten am Judenplatz. Die Salzburger wissen auch nicht, dass Constanze dort am 17. Juni 1783 ihr erstes Kind geboren hat und die Eltern den Säugling vor ihrer Abreise nach Salzburg zu einer Ziehmutter in Pflege gegeben haben. Ebenso unbekannt ist ihnen, dass der kleine Raimund Leopold schon am 19. August an Darmkoliken gestorben ist und in Abwesenheit der Eltern irgendwo begraben wurde. Was nicht einmal Mozarts Vater weiß, bei dem sie im Tanzmeisterhaus wohnen: Noch bei der Abreise hat ein Gläubiger das Pärchen daran hindern wollen, die Kutsche zu besteigen, bevor er nicht seine 30 Gulden wieder hat – wo doch Mozart in den letzten sieben Monaten 7000 Gulden verdient hat. Eines allerdings ist Leopold nicht entgangen: dass die beiden fast ohne einen Kreuzer hier eingetroffen sind. Gut, dass das Leben für das junge Paar in Salzburg so gut wie umsonst ist, denn für das Logis in der väterlichen Achtzimmerwohnung zahlen sie natürlich nichts und fürs Essen und Trinken selten: eine Einladung jagt die nächste. Constanze und Wolfgang sind amüsante Gäste, blödeln, lachen und tanzen beide gern, lieben Bälle, Feste, Ausflüge hinaus nach Aigen zu den Robinigs, Spaziergänge im Mirabellgarten, feucht-fröhliche Hausmusikabende bei den vielen begabten Freunden oder zu Hause, im Tanzmeistersaal, Kaffeehausbesuche im Tomaselli, ausgedehnte Nachmittage in schattigen Biergärten und lange durchzechte Nächte. Einige in Salzburg werden es wohl auch mitbekommen haben, dass die Freude von Leopold Mozart über den lang ersehnten, oft aufgeschobenen Besuch

Erinnerung an einen Versöhnungsversuch
Am 26. Oktober 1783 wurde in der Stiftskirche St. Peter Mozarts c-Moll-Messe KV 427/417a uraufgeführt. St. Peter ist das älteste, seit seiner Gründung bewohnte Benediktinerkloster im deutschsprachigen Raum. Der heutige Bau geht auf eine romanische Basilika zurück, die im 17. und 18. Jahrhundert durch Anbauten, Umbauten, Stuck und Fresken und Altäre eine barocke Ausstattung erhielt.

Erinnerung an einen Jugendfreund
Cajetan Rupert Hagenauer (1746–1811), der Sohn des Vermieters. Zur Primiz des künftigen Pater Dominicus und späteren Abts von St. Peter am 15. Oktober 1767 schrieb Mozart die so genannte Dominicusmesse KV 66.

seines vergötterten Sohns einen bitteren Beigeschmack hat: Er sieht zum ersten Mal seine Schwiegertochter und es ist von vornherein klar gewesen, dass sie ihm nicht gefallen wird; »sie ist nicht hässlich aber auch nichts weniger als schön«, hatte Wolfgang dem Vater berichtet. Er hatte aber ihre hübsche Figur, ihre schwarzen Augen, ihre ungeheure Sparsamkeit und ihr gutes Herz gepriesen, vor allem betont, wie sehr sie einander liebten. Das mit der Figur und den Augen zumindest können die Salzburger bestätigen. Warum Leopold bis zum allerletzten Moment seinen Segen zu der Hochzeit verweigert hat, das wissen nur Wolfgang selbst und das Nannerl, seine Schwester: Der Vater kennt die Familie dieser Constanze Weber seit Jahren, Jahrzehnten, hält sie für übles Gesindel, die Braut für ein ausgemachtes Luder und ihre Mutter Cäcilia für eine abgefeimte Kupplerin. Was Cäcilia angeht, hat er Recht, auch wenn er die miesen Tricks nicht kennt, mit denen sie Wolfgang Amadé Mozart in die Ehe mit ihrer Tochter hineingetrieben und das Eheversprechen auf kriminelle Weise von ihm erpresst hat. Es kann auch keiner ahnen, denn Mozart wirkt sehr verliebt in die zierliche Frau mit der schmalen langen Nase, den starken schwarzen Brauen und den üppigen dunklen Locken, die er »Stanzerl«, »Stanzimarini« oder »Herzensweibchen« nennt. Jetzt steht sie jedenfalls oben, auf der Empore der Peterskirche, festlich angezogen, die Noten, die ihr Mann für sie geschrieben hat, in der Hand; sie wird eine der beiden Sopransolopartien in der c-Moll-Messe singen. Jenem Werk, das Mozart zu komponieren und in Salzburg aufzuführen versprochen hat, wenn seine kranke junge Frau gesund werden und der Vater sein Ja zur Ehe geben würde. Es ist jetzt schon über ein Jahr her, dass sie im Wiener Stephansdom geheiratet haben. Erst am Tag danach, am 5. August 1782, war die somit erzwungene Einverständniserklärung Leopolds eingegangen. Sie muss aufgeregt sein, die junge Frau. Sie stammt zwar aus einem Musikerhaushalt, ist auch geübt, vom Blatt zu singen und hat einen klaren, metallischen Sopran – obwohl er sich natürlich nicht vergleichen kann mit dem ihrer berühmten Schwester Aloysia Lange, die in Wien eine Primadonna ist. Außerdem hat Constanze wenig Konzerterfahrung. Es ist jedoch nicht das Publikum, das Constanze beunruhigt, auch nicht die ganze Hofmusik, die hier zur Verstärkung des Orchesters von St. Peter angetreten ist. Was sie nervös macht, ist der Mann, der am ersten Pult der Geiger sitzt und als Konzertmeister spielt: ihr Schwiegervater Leopold Mozart. Natürlich ist ihr bewusst, dass er sie nicht akzeptiert und sich für seinen Sohn etwas Besseres gewünscht hätte, vielleicht schwant ihr auch, wie schlecht der alte Mozart über sie und ihre Sippe denkt. Aber sie hat im Vorfeld alles unternommen, um den Schwiegervater zu erweichen. Freilich hat sie ihn nur von der Bande her angespielt, wie das der Billardkönner Mozart ausdrücken würde, und ihrem Mann in den Mund gelegt, was eigentlich Musik sein müsste in den Ohren des Alten – »Meine Frau weint aus vergnügen, wenn sie auf die Salzburger Reise denkt«, hatte sie ihn ausrichten lassen. Und bereits vor einem Jahr hatte Wolfgang dem Vater erzählt von ihrer »grenzenlosen Begierde«, dem Schwiegervater in Salzburg »die Hände zu küssen«. Gut, vielleicht hatten sie ein bisschen übertrieben, als Wolfgang dem Vater schrieb, Constanze trage dauernd ein kleines Porträt, einen Schattenriss vom Schwiegervater, mit sich herum und küsse es zwanzigmal täglich. Sicher ist nur: Weich geworden ist Leopold Mozart bis jetzt noch nicht. Mag sein, dass es unklug gewesen ist, jetzt in Salzburg den Streit um Wolfgangs Preziosen anzuzetteln, die ihm auf seinen Wunderkind- und Jugendreisen von all den reichen Verehrern geschenkt worden sind und die Leopold nicht herauszurücken gedenkt. Sein Argument: Der Sohn habe noch jede Menge Schulden bei ihm. Constanze Mozart ist noch jung, gerade zweiundzwanzig, als sie vor der berühmten Orgel von St. Peter steht an diesem Oktobertag und die ersten Takte des Kyrie singt. Und das zu Herzen gehende »Christe eleison – Christus erbarme dich« gibt der Schwiegertocher die schönste Gelegenheit, den flehentlichen Ton einer jungen Frau, die um die Gunst eines alten Mannes wirbt, hineinzulegen ins christliche Bitten um Gnade. Wolfgang ist überzeugt: Wenn der Alte ihre Stimme hört in einem Werk seines Sohns, dann wird er vor Rührung zerfließen. Bei

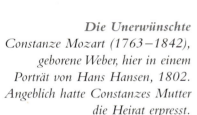

Die Unerwünschte
Constanze Mozart (1763–1842), geborene Weber, hier in einem Porträt von Hans Hansen, 1802. Angeblich hatte Constanzes Mutter die Heirat erpresst.

Die Ungeliebte
Nannerl und ihre Schwägerin empfanden sich als Konkurrentinnen um Mozarts Liebe und hassten einander bis ins Grab – hier das von Nannerl in der Kommunegruft von St. Peter.

Wolfgang Amadé Mozart muss die Situation in der Peterskirche ganz andere Gefühle auslösen. Er genießt die Freiheit hier, denn St. Peter untersteht nicht dem gehassten Erzbischof Hieronymus Graf Colloredo, der ihn mit einem Fußtritt aus dem Amt hat werfen lassen – diesem Amt, dass Mozart ohnehin los werden wollte, weswegen er Colloredo auch bis aufs Messer gereizt hat. Mozart weiß sich hier, in St. Peter, geborgen. Da unten im Kirchenschiff sitzen lauter Menschen, die ihn mögen, vielleicht sogar lieben. Sein Jugendfreund Cajetan Rupert Hagenauer, Sohn des Hausherrn in der Getreidegasse. Als Wolfgang, acht Jahre alt, auf seiner Londonreise erfuhr, der Cajetan gehe ins Kloster, hat er zu weinen angefangen. Denn es war ihm eine schreckliche Vorstellung, dass der Freund, der mit ihm beim Bölzlschießen war und jeden Unfug getrieben hat, nun ein für allemal weggesperrt sein würde. Und zur feierlichen Primiz von Cajetan, der hier seit vierzehn Jahren als Pater Dominicus lebt, hatte der dreizehnjährige Wunderknabe Mozart dann eine Messe geschrieben. Derzeit ist Dominicus Küchenmeister im Kloster – ein Amt, das dem Kaufmannssohn, der von Kind an mit gutem Essen und mit Delikatessen zu tun gehabt hat, liegen dürfte. Dann wird da unten der gute Beda von Hübner sitzen, ein Mozartverehrer der ersten Stunde. Offiziell ist Beda zwar Abt von St. Peter, inoffiziell aber ein Multitalent, das neben Latein, Griechisch und Hebräisch auch Italienisch, Französisch, Spanisch und Englisch beherrscht. Und über ein großes journalistisches Talent verfügt. Wer das »Salzburger Intelligenzblatt« liest, kennt seine witzige Art zu schreiben. Beda ist der einzige gewesen, der die Auftritte und Kompositionen des Wolfgang Amadé aus der Getreidegasse bejubelt und gewissenhaft vermerkt hat, dass im Mai 1767 im Universitätstheater das lateinische Stück »Apollo et Hyacinthus« aufgeführt worden sei und »die Musik zu dieser comedie« erstaunlicherweise »der hochberühmte, elfjährige Wolfgangus Mozart« komponiert habe. Natürlich sitzt seine geliebte Schwester Nannerl da unten, wahrscheinlich im Kreis ihrer zahlreichen Freundinnen. Auch Michael Haydn, der Bruder des weltberühmten Joseph, ist da. Nicht nur, weil er für die Kirchenmusik in St. Peter zuständig ist, auch weil er einer der engsten Freunde Mozarts ist; seit seiner Ankunft in Salzburg hat er den trinkfesten Michael fast jeden Tag besucht. Die Atmosphäre hier in der Peterskirche umfängt Mozart also liebend und verständnisvoll. Sogar die Altargemälde des Johann Martin Schmidt, den sie schon lange den Kremser-Schmidt nennen, behaupten Kenner, atmeten dieselbe sinnliche Frömmigkeit wie Mozarts geistliche Werke. Und auch die bei aller Tiefe heiteren Deckenfresken des Johann Baptist Weiß und des Franz Xaver König und der Stuck Benedikt Zöpfs entsprechen seiner musikalischen Haltung. Mozart ist gut gelaunt, froh, dass er die Messe hier noch halbwegs fertig bekommen hat, die freilich immer unvollendet bleiben soll. Als er am Tag nach der geglückten Uraufführung seiner Messe Salzburg und den Vater verlässt, weiß Wolfgang nicht, dass er nie mehr in seine Heimatstadt zurückkehren wird. Dass er weder seine Schwester noch Dominicus, der drei Jahre danach zum Abt von St. Peter aufsteigen wird, jemals wiedersehen soll. Dankbar nimmt er die achtzehn Gulden an, die Leopold sich abgerungen hat und ihm im letzten Moment zusteckt, steigt in die Kutsche und tritt mit Constanze, dem Herzensweibchen, die Rückreise an. Er verdrängt, dass er hier nur musikalisch erfolgreich gewesen ist, menschlich nicht. Leopold findet seine Schwiegertochter nach wie vor widerwärtig. Und wird bis zu seinem Tod diese Meinung nicht mehr ändern.

Das Unumgängliche
Vermutlich neben ihrem Schwiegervater und der Schwägerin Nannerl, die sie beide ablehnten, durchschritt Constanze 1783 bei ihrem ersten Salzburgbesuch als Mozarts Ehefrau das filigrane Rokokogitter im Inneren von St. Peter. Geschaffen hat es im Jahr 1768 der Hofschlosser Philipp Hinterseer.

Der Unversöhnliche
Leopold Mozart (1719–1787), hier in einem zeitgenössischen Bildnis, konnte sich nie mit seiner Schwiegertochter abfinden. Für ihn war sie Mozarts zweite Wahl – ihre begehrte Schwester Aloysia hatte ihn abblitzen lassen. Constanzes Versuch, ihn beim ersten Salzburgbesuch mit Wolfgang durch Gesang zu gewinnen, scheiterte kläglich.

SCHAUPLATZ *der Musik*

»Wovon glänzt dein Wesen, wenn die Musik zu Ende geht, und warum rührst du dich nicht? Was hat dich so gebeugt, und was dich so erhoben?«

Ingeborg Bachmann

Schauplatz der Musik

»Wie manche Menschen überschwebt eben auch manche Stadt der Genius der Musik und gibt ihrer steinernen Hülle eine Schwingung, die jede Seele zum Tönen bringt«, hat Stefan Zweig über Salzburg geschrieben. Doch im Licht Mozarts sind viele andere verblasst, die Salzburgs Mauern und Seelen akustisch erfüllt haben. Mit dem Nimbus des geheimnisvollen Unbekannten hat es einer geschafft, im Gedächtnis zu bleiben: der so genannte MÖNCH VON SALZBURG. Weil man fast nichts weiß über ihn, wissen fast alle hier von ihm. Dass der dichtende und komponierende Anonymus emsig war und »Joseph lieber Joseph mein« verfasst hat, macht ihn freilich so wenig erregend wie seine 49 geistlichen Lieder. Prickelnd hingegen, dass dieses geistliche Talent am Hof von Erzbischof Pilgrim II. von Puchheim in der zweiten Hälfte des 14. Jahrhunderts auch weltliche Lieder und zwar vor allem Liebeslieder geschaffen hat, sinnliche, vor Begierde bebende Minnedichtung. Nicht so frivol wie Mozarts Reime, dafür von einem Kleriker, dessen Identität bis heute keiner enträtseln konnte. Was Mozart so gar nicht beherrschte, war der diplomatische, gelassene und wirkungsvolle Umgang mit Machthabern. Die Begabung dagegen besaß PAUL HOFHAYMER, der fast dreihundert Jahre vor Mozart in Radstadt bei Salzburg geboren wurde und als 78-jähriger in Salzburg starb. Manche, die auf der Suche nach Paracelsus in die Pfeifergasse wandern, stehen kopfschüttelnd vor der Tafel, die am Haus gegenüber, Pfeifergasse 18, angebracht ist. »Der Tonkunst größter Meister seiner Zeit«, steht da, habe hier bis zu seinem Tod gewohnt. Gab es denn außer Mozart noch einen berühmten Komponisten in der Stadt? Wer wüsste heute noch, dass Paracelsus erklärt hat, dieser Hofhaymer, Komponist, Organist und Orgelbauer, sei für die Orgel, was Dürer für die Malerei sei? Im Gegensatz zu Mozart hat er es geschafft, aufgrund seiner musikalischen Verdienste in den Adelsstand erhoben zu werden. Und im Gegensatz zu Mozart, dem Hitzkopf, gelang es dem besonnenen Hofhaymer, mit einem Regenten – es handelte sich um Kaiser Maximilian I. – so gut auszukommen, stundenlang auszureiten, zu reden, zu essen, so dass er als »des Kaisers treuester Begleiter« galt. Hofhaymer, der vier Ehefrauen überlebte, kehrte im Gegensatz zu Mozart freudig in seine Heimatstadt zurück, nachdem Kaiser Maximilian 1519 gestorben war, und war dankbar für eine Stelle, die Mozart verschmähen sollte: Domorganist in Salzburg. Mozarts barocke Komponistenkollegen HEINRICH FRANZ IGNAZ BIBER, gebürtiger Böhme, und GEORG MUFFAT, gebürtiger Savoyer, bewiesen eindrucksvoll, dass Salzburg nicht so eng ist, wie Mozart später behaupten sollte: zwar zu klein für zwei große Musiker, aber groß genug für eine Intrige weltstädtischen Formats. Beide wollten Hofkapellmeister werden unter Erzbischof Max Gandolf Graf Kuenburg. Der fand auch beide Tonsetzer gut und hatte Spaß daran, sie gegeneinander auszuspielen. 1681 schickte er Muffat zu dessen Freude nach Italien, damit er sich von Arcangelo Corelli zeigen lassen sollte, wie man ein prächtiges Concerto grosso schreibt – denn so etwas brauchte der Erzbischof fürs nächste Jahr bei der anstehenden 1100-Jahr-Feier des Erzstifts. Als Muffat wieder in Salzburg auftauchte, war er als Komponist weiter, Biber jedoch war weiter gekommen. Am Feiertag vibrierte der Dom: Sechs Sängerchöre, auf Emporen und vor Altären aufgestellt, vier Domorgeln, zwei Trompetenchöre und zwei Posaunenchöre sorgten für ein akustisches Beben. Ein prächtiges »Concerto grosso« auf Salzburgisch, genannt »Missa Salsburgensis«. Geschrieben hatte es nicht Muffat, sondern Biber, den Posten des Hofkapellmeisters bekam nicht Muffat,

In Salzburg ein Begriff
Der Domkapellmeister János Czifra. Wenn er an der Orgel des Doms sitzt, ist er sich der Ehre bewusst, im Prinzip auf demselben Instrument zu spielen wie der einstige Hoforganist Wolfgang Amadeus Mozart. Den Kern des Instruments bildet noch immer das 24-Register-Werk des Salzburger Hoforgelmachers Johann Christoph Egedacher. Heute stehen dem Organisten 101 Register zur Verfügung.

In Salzburg ein Star
Der Domorganist Paul von Hofhaymer (1459–1537), hier in einer Federzeichnung von Albrecht Dürer um 1500, wurde als Komponist und Orgelvirtuose gefeiert und verwöhnt. Er bewies, dass mit diplomatischem Talent, guten Manieren und besten Beziehungen in Salzburg gut zu leben war.

sondern Biber und Gandolfs Nachfolger Johann Ernst Graf Thun wollte Muffat nicht, sondern Biber – angeblich weil er Franzosen nicht leiden konnte. Muffat räumte das Feld und seine Wohnung in der Franziskanergasse 2, weil er sonst innerlich erfroren wäre, wie er bekannte. Biber räumte ebenfalls seine zu kleine Wohnung und bezog mit Frau und elf Kindern das Haus am Rathausplatz 2. Eine in jeder Hinsicht Mozart verwandte Seele war CARL MARIA VON WEBER, der Cousin von Mozarts Gattin Constanze, geborene Weber, Neffe von Mozarts Schwiegermutter, der vielgeschmähten, klatsch- und kuppelsüchtigen Cäcilie Weber. Auch er wandte sich enttäuscht ab von dieser Stadt, die ihn in seiner Kindheit mit Bewunderung umspülte – der engelsgleichen Stimme wegen. Er teilte Mozarts Sympathien für den herzenswarmen, lebergeschädigten Johann Michael Haydn, bei dem er Kompositionsunterricht bekam, und hauste wie alle Domkapellknaben in der Sigmund-Haffner-Gasse 20, im damaligen erzbischöflichen Kapellhaus. Mit der Theatergruppe seiner Eltern war er neunjährig 1797 in Salzburg angeschwemmt worden. Schon ein Jahr später verlor er seine junge Mutter und verließ mit dem Vater die Stadt. Er gab ihr eine Chance, doch seine Heimat zu werden: 1801 kehrte Weber an die Salzach zurück, bewarb sich um eine Komponistenstelle bei Hof – ein erst fünfzehnjähriges Genie – und wurde zuverlässig verkannt. Obwohl Haydn seine erste Oper als »mannhaft und vollkommen« angepriesen hatte. 1802 kehrte er enttäuscht dem Ort den Rücken und ließ nur die Gebeine seiner Mutter Genoveva zurück – sie liegt neben Leopold Mozart auf dem Sebastiansfriedhof begraben. Immerhin wurde er ein paar Jahre älter als sein berühmter angeheirateter Vetter – er starb mit vierzig. Auch HUGO WOLF schaffte etwas, was Mozart nicht gelang: Er wurde nicht im fernen Wien, sondern vor Ort hinausgeschmissen in nahezu rekordverdächtiger Geschwindigkeit: Ende November 1881 kam der 21-Jährige als Zweiter Kapellmeister ans Landestheater, im Januar war er die einzige feste Stelle, um die der gern belächelte Autodidakt sich je bemühte, wieder los. Denn die Salzburger Musiker fanden es gar nicht lustig, dass Wolf sich ihren heiligen Gütern wie den Strauss-Operetten verweigerte, sie ermunterte, »das Zeugs stehen zu lassen« und lieber ein bisschen Wagner zu spielen und schließlich ihr Haus einen Saustall nannte. Es blieb von Wolf nichts außer einer Gedenktafel an jenem Haus, in dem er schon damals am Abgrund der Umnachtung entlang balancierte, Bergstraße 8. RICHARD STRAUSS gelang es ebenfalls, Mozart in einer Hinsicht zu überbieten, indem er zu Lebzeiten sechs seiner eigenen Opern in Salzburg einem Weltpublikum vorführen ließ. Zuerst kam 1926 »Ariadne auf Naxos« auf die Festspielhausbühne, dann »Der Rosenkavalier« (1929), drei Jahre später »Die Frau ohne Schatten«, im Jahr darauf »Die ägyptische Helena«, dann die »Elektra« und schließlich »Der Bürger als Edelmann«. GOTTFRIED VON EINEM sorgte in Salzburg für einen musikalischen Skandal – was Mozart ebenfalls nicht geschafft hatte, weil er in seinem »Concerto für Orchester«, das 1944 uraufgeführt wurde, Jazzmotive eingebaut – also »entartete Kunst« in die von Hitler entweihten Weihehallen gebracht hatte. Und er sorgte für einen politischen Skandal, als er Bert Brecht als Mitbewohner in sein Haus, den Konstantinturm am Mönchsberg 17 und als Schauspielleiter in die Stadt holen wollte, weil Brecht in den Augen der Reaktionäre vor Ort ein »Bolschewik« war. LILLI LEHMANN, der großen Mozartsopranistin und -regisseurin, wurde vor Mozart die Ehre zuteil, im Mozarteumsgarten verewigt zu werden: Noch bevor 1951 das »Zauberflötenhäuschen« aus Wien hierher verfrachtet wurde, pflanzten die Verehrer Lilli eine Linde. So wie das Salzburger Festspielhaus eigentlich als Österreichs Antwort auf Bayreuth gedacht war, bildete Lilli Lehmann die Antwort auf Cosima und verteidigte mit der unduldsamen Leidenschaft einer Witwe Mozarts Revier. Denn Lilli Lehmann war es gewesen, die im Januar 1906 zu Mozarts 150. Geburtstag Festspiele in Salzburg organisiert hatte und die Gründung des Mozarteums erreichte, für das sie 1909 eigenhändig den Grundstein legte. Nach wie vor schwebt der Genius der Musik über Salzburg. Und vereint die gegensätzlichsten Menschen unter Nietzsches Einsicht: »Ohne Musik wäre das Leben ein Irrtum.«

In Salzburg gefeiert
Der Dirigent Christian Thielemann und die Klarinettistin Sabine Meyer. Bei den Salzburger Festspielen 2002 spielten sie im Großen Festspielhaus Mozarts Klarinettenkonzert KV 622 mit den Wiener Philharmonikern.

In Salzburg gefeuert
Der Komponist Hugo Wolf (1860–1903). Nach nur zwei Monaten war der 21-jährige Querkopf seinen ersten und einzigen Job als Zweiter Kapellmeister am Salzburger Stadttheater wieder los.

Peterskeller

St.-Peter-Bezirk

Der Januar ist kalt wie immer in Salzburg. Und der alte Herr spürt, dass die Kälte ihn anstrengt. Seine Hände sind gichtig, seine 67 Jahre sieht man ihm an. Aber er ist entschlossen, diesen Auftrag durchzuziehen, den ihm eine Frau erteilt hat, für die er schon so lange schwärmt – erst dreiunddreißig ist sie und für ihn absolut unerreichbar. Schon vor vier Jahren, als er in Wien eine Messe uraufführte, die er für eben diese Dame komponiert hatte, und sie dann noch höchstpersönlich das Solo sang, hatte er seiner Ehefrau unumwunden erklärt, er sei »ganz verliebt« in sie, diese Marie Therese. Doch die Gattin daheim muss sich keine Sorgen machen: Bei der Angebeteten handelt es sich um die zweite Frau von Franz II., von Beruf Kaiserin wie ihre berühmte Großmutter Maria Theresia, von der sie auch die musikalische Begabung geerbt hat. »Sie ist aber auch eine liebe schöne Frau«, hat der Komponist geschwärmt von der sinnlichen Erscheinung mit den rotgoldenen Locken und der fleischigen Nase. Leider stimmt ihr Auftrag ihn jetzt trotzdem nicht fröhlich, er macht ihn vielmehr melancholisch, niedergeschlagen: Ein Requiem will sie von ihm, dem Salzburger Hofkonzertmeister und Organisten. »Gott gebe mir seine Gnade dazu«, seufzt er. Denn ihn beschleicht das dumpfe Gefühl, da wiederhole sich etwas auf makabre Weise. Hat es nicht überall geheißen, seinen Freund Mozart habe, als der Bote eines – allerdings anonymen – Adligen ankam und ein Requiem bestellte, die Angst befallen, er werde hier sein eigenes schreiben? Und bricht nicht der originale Notentext im siebten Takt des »Lacrimosa« so jäh ab, wie Mozarts junges Leben dort abgebrochen ist? Trotzdem setzt Michael Haydn sich hin. Im Alter wird die Sehnsucht nach dem Einfachen wach. Und Haydn wählt ein ganz einfaches Thema für den »Introitus«, ein sanftes, kein düsteres. Schließlich ist er selbst ein sanfter Mensch, der jeden Ärger mit ein paar Vierteln in netter Gesellschaft wegschwemmt, der neben großer Kirchenmusik gern vergnügte Unterhaltungsmusik verfasst. Und über den häuslichen Ärger, den man als ausdauernder Trinker kaum vermeiden kann, sogar musikalische Witze macht. »Sauf, du alter Gassenschwängel«, zetert da am Anfang eines Duetts die Ehefrau. »Bist schon da, mein lieber Engel?«, antwortet der feuchtfröhliche Gatte. Haydn arbeitet täglich so viel, wie er bewältigen kann. Sein »Kyrie« soll nicht glänzen, es soll flehen, demütig, wie ihm selbst zumute ist, und doch eindringlich sein: Er wird es als Fuge setzen. Und es läuft. Haydn staunt über seine Energie: Es geht offenbar doch. Der Schnee schmilzt, der erwachende Frühling verscheucht die dunkle Stimmung. Und er ist wie immer zugange im Peterskeller, genießt die Gesellschaft seiner Freunde und Trinkkumpane, genießt den vertrauten Wein, den die Mönche hier ausschenken, gekeltert von ihren Glaubensbrüdern in Arnsdorf in der Wachau. In dem Stüberl im ersten Stock singen Haydns Zechbrüder ab und zu noch seine vierstimmigen Kompositionen für Männerchor, die ihn bei den Salzburgern so populär gemacht haben, denn sie passen zu vielen Gelegenheiten – Jubiläen, Geburtstagen, Trinkgelagen – und sind außerdem kostengünstig, denn ein Orchester braucht es nicht. Ob er noch mal ein paar neue Chöre setzen wird? Es sieht ganz danach aus, als sei der alte Haydn so schnell nicht tot zu kriegen. Da bricht noch einmal die Kälte über die Stadt herein. Die Nässe überfriert. Haydn ist gebrechlich und nicht mehr ganz sicher auf den dünnen Beinen. Auf dem Heimweg rutscht er aus auf der vereisten Straße, stürzt schwer, verletzt sich das Gesicht und zieht sich einen Nierenriss zu. Die Schmerzen lähmen

Beliebt bei singenden Männern
Im so genannten Haydnzimmer im ersten Stock über dem Peterskeller wurden die Männerchöre von Michael Haydn, Josephs weniger bekanntem Bruder, a capella uraufgeführt. Der Stiftskeller darunter, 803 erstmals urkundlich erwähnt und somit das älteste Gasthaus Mitteleuropas, ist hingegen beliebt bei genussfreudigen Festspielkünstlern von Max Reinhardt bis Arturo Toscanini.

Berüchtigt bei den Salzburgern und bei Mozart
Michael Haydn (1737–1806), hier in einem zeitgenössischen Porträt, galt als charakterfest, aber auch als trinkfest. Er werde sich, prophezeite Leopold Mozart, »in wenigen Jahren die Wassersucht an Hals sauffen, oder wenigst, da er itzt zu allem zu faul ist, immer fäuler werden, so wie er älter wird«.

ihn, Koliken beuteln seinen geschwächten Körper. Trotzdem schreibt er weiter an Marie Thereses Auftragswerk. Nach langen Wochen im Bett kommt er wieder auf die Beine. Ob das ein Wink von oben ist, dass er das Requiem fertig stellen soll? Haydn macht weiter, verrichtet seine offiziellen Pflichten, geht seine üblichen Wege. Da fährt ein Pferdefuhrwerk heran, wirft ihn aufs Pflaster. Und nun sind die Kräfte des alten Mannes zu schwach. Er liegt im Bett, bekommt Geschwüre am ausgemergelten Leib vom endlosen Liegen. Im August, als Salzburg leuchtet, erlischt seine Lebenskraft. Nierenversagen. »Unde mundus judicetur« – Von hier aus wird er über die Welt richten. Bis dahin ist er gekommen – und dann bricht es ab, so jäh wie in Mozarts Requiem. Zuerst einmal richtet nun die Welt über ihn: Er wird gefeiert, als Mensch und als Musiker. Und die fertigen Teile seines Requiems erklingen bei seiner eigenen Seelenmesse. Auch finanziell zeigen die Verehrer des Toten, was er ihnen wert war: Das Geld für das unfertige Werk liefert der Kaiser höchstpersönlich bei Haydns Witwe ab und eine Witwenpension lässt er ihr auch zusprechen. Ein Jahr nach dem Tod des Komponisten erfüllt seine nicht vollendete Seelenmesse ihren eigentlichen Zweck; mit nicht einmal 35 Jahren stirbt Marie Therese. Haydns Frau ist da stabiler. Nur finanziell leider nicht. Fünfzehn Jahre nach dem Tod ihres Mannes wollen ihm die Salzburger in der Peterskirche ein Denkmal setzen: Ein hohes Kreuz, das auf einer Urne aus Marmor steht. Und da gibt es ein paar Leute, die es originell fänden, wenn wenigstens ein Stück vom echten Haydn dort drin ruhte. Gegen Geld macht die Witwe alles: Für 36 Gulden erlaubt sie, dass man ihren Gatten ausgräbt, den Schädel herausnimmt und in die leere Urne bettet. Haydn, sagen alle, die ihn kannten, habe Humor besessen. Vielleicht hätte er auch darüber lächeln können.

Beliebt bei Romantikern
Der Friedhof St. Peter am Fuß des Mönchsbergs gilt als einer der schönsten auf der Welt. Hier sind Mozartfreunde wie die Hagenauers oder Haffners begraben, Mozartinterpreten wie der Sänger Richard Mayr oder der Dirigent Bernhard Paumgartner und Mozartverehrer wie der Festspielhausarchitekt Clemens Holzmeister. Mozarts Freund Michael Haydn liegt in der Kommunegruft von St. Peter.

GROSSES FESTSPIELHAUS HOFSTALLGASSE 1

Es soll eine Feier werden, so strahlend und makellos, dass alle dunklen Schatten vergessen sind, die jemals über den Salzburger Festspielen gelegen haben: Die Eröffnung des Großen Festspielhauses ist für den 26. Juli 1960 angesetzt. Ein Traum soll in Erfüllung gehen und dabei alles Traumhafte bewahren. Doch schon im Vorfeld zeigt sich, dass dies eine Illusion bleiben wird. Es war ein großes Haus geplant – aber nun ist es zu groß geworden. Schließlich war es vor allem als Schauplatz für Mozarts Opern vorgesehen. Doch für den ursprünglich als Premierenoper geplanten »Don Giovanni« schien die Bühne auf einmal überdimensioniert. Hatten zu viele dem Architekten Clemens Holzmeister reingeredet? Herbert von Karajan jedenfalls hatte sich ganz entschieden beteiligt am Ausbau des großen neuen Festspielhauses und sah sich nun gefordert. Die Ersatzlösung war ihm sofort klar: Zum Mozart des 20. Jahrhunderts war längst Richard Strauss gekürt worden, da lag es nahe, dessen »Rosenkavalier« für die Premiere einzustudieren – ein absolut sicherer Publikumsliebling. Für den dynamischen Karajan war es nur eine Bestätigung, dass Kaiser Wilhelm II. dereinst den »Rosenkavalier« in Berlin mit den Worten verlassen hatte: »Det is keene Musik für mich!« »Der Rosenkavalier« – was für eine heitere und dennoch besinnliche, kurz die ideale Eröffnungsoper. Dennoch verdunkeln Verwirrung, Zweifel und Intrigen schon lange im Voraus den Glanz des Ereignisses. Lisa della Casa, die zuerst gefragt worden war, ob sie bei der Eröffnung die Marschallin unter dem großen Dirigenten Joseph Keilberth singen wolle, hörte auf einmal, dass Karajan auch die Stabführung für die Premiere übernommen, Keilberth selbst davon aber noch keine Ahnung hatte. Ärger sei wohl auch zu erwarten mit ihrer süß lächelnden und erbittert kämpfenden Konkurrentin Elisabeth Schwarzkopf. Denn der Schwarzkopf, vorgesehen als Elvira in Mozarts »Don Giovanni«, war eine Hauptpartie bei der Eröffnungsvorstellung garantiert worden, Lisa della Casa hingegen hatte Salzburg die Rolle der Marschallin im »Rosenkavalier« zugesichert. Was tun? Karajans Behauptung, er wolle »aus Sicherheitsgründen« für die Marschallin eine Doppelbesetzung, war äußerst fadenscheinig. Lisa hätte also gewarnt sein müssen, war sie doch ebenso begabt und schön wie die Schwarzkopf, aber bei weitem nicht so gewitzt. Im März 1960 erfuhr die Casa von Baron Puthon, dem Präsidenten der Festspiele, dass der britische Filmemacher Paul Czinner eine Verfilmung des Salzburger »Rosenkavaliers« plane und sie bitte mitzumachen. Die darstellerisch Talentierte, die gerne vor der Kamera arbeitet, kabelte umgehend ihr Ja. Dann fragte Czinner direkt bei der Sängerin an – auch ihm erteilte sie ihre prinzipielle Zusage. Und erhielt kurz drauf eine Karte aus Griechenland von Czinner und dessen Frau, der grandiosen Schauspielerin Elisabeth Bergner: »In großer Vorfreude auf die Marschallin und den Film in Salzburg.« Alles verheißt eine entspannte Filmarbeit, einen leuchtenden Salzburger Sommer, denn Czinner, Bergner, Casa und deren Mann und Manager Dragan Debeljevic sind befreundet. Die Vorbereitungen in Salzburg begannen schon am Jahresanfang. Regisseur Rudolf Hartmann und Bühnenbildner Theo Otto hockten in dem steil ansteigenden Parkett, starrten auf die 80 Meter breite, aber von der Portalhöhe her niedrige Bühne und schüttelten verzweifelt die Köpfe. Nein, auch der »Rosenkavalier« war viel zu intim für diese spektakuläre Auftrittsfläche. Es geht im »Rosenkavalier« doch um nur flüsternd eingestandene Ängste, um Vertraulichkeiten und Zärtlichkeiten. Wie soll das spielbar sein auf diesem mondänen Schauplatz, der für Statistenheere und jubelnde Feldherren geeignet ist, aber nicht für

In Erwartung großer Musik
Festspielpublikum 2002 im Karl-Böhm-Saal, dem Vorraum der Felsenreitschule, vor einer Aufführung von Mozarts »Zauberflöte«.

In Erwartung großen Beifalls
Die bildschöne Diva Elisabeth Schwarzkopf als Donna Elvira in einer legendären Festspielinszenierung von Mozarts »Don Giovanni« im Jahr 1950.

Der Ergründer der Tiefe
Nikolaus Harnoncourt, als Mozartforscher so berühmt wie als Mozartdirigent, machte die Neuinszenierung von Mozarts »Don Giovanni« im Jahr 2002 zum Zentrum der ersten Festspielsaison unter Peter Ruzicka mit einer ebenso tiefsinnigen wie spektakulären Deutung.

Der Verführer auf der Bühne
Thomas Hampson als Don Giovanni verführt Zerlina (Magdalena Kozena) auf ihrer Hochzeit.

gehauchte Liebeserklärungen? Nachdem sie einige Schoppen Wein lang in der Weinstube Moser auf Papierservietten gekritzelt hatten, verfielen Otto und Hartmann auf die rettende Idee: Im zweiten und dritten Akt könnte man die Räume durch seitliche Balkone einengen. Aufatmen. Der Sommer kommt und mit ihm kommen die Solisten zu den Proben angereist. Ihnen ist bewusst, an welchen großen Vorbildern sie in Salzburg in einem »Rosenkavalier« gemessen werden; der Baron Ochs des Richard Mayr zum Beispiel steht vielen noch vor Augen als Ikone. Wie, fragt sich der sonst selbstbewusste Bruno Edelmann, soll man ansingen gegen diese übermächtige Erinnerung, gegen diesen barocken Salzburger, der vom Komponisten Richard Strauss persönlich zum Ideal erklärt worden war. »Als ich den Ochs von Lerchenau komponiert hab'«, verriet er dem Bassisten, »da hab' ich immer an Sie gedacht.« Worauf Mayr, in Kenntnis der Haltlosigkeit und Verlebtheit des Baron Ochs, nur meinte: »… Jetzt weiß ich aber nicht, ist das eine Schmeichelei oder eine Beleidigung?« Die Marschallin singt Lisa della Casa, die am Anfang der ersten Probe so heiter wirkt wie immer. Schon vor fünf Jahren hat sie an der Wiener Staatsoper in dieser Rolle geglänzt, obwohl alle geunkt haben, es gäbe bestimmt einen Lacher, wenn sie in ihrer betörenden Jugend dem Friseur sagen wird: »Mein lieber Hypolith, heut' haben Sie ein altes Weib aus mir gemacht.« Doch Lisa della Casa sang keine alte Marschallin. Hofmannsthal und Strauss

hatten sich diese Figur ja auch nie als eine alternde frustrierte Dame von Ende fünfzig vorgestellt, sondern jung und schön, höchstens Anfang dreißig. Sie sang eine Frau, die sich vor dem Alter zum ersten Mal fürchtet, die zum ersten Mal darüber nachdenkt, dass ihre Schönheit verblühen wird, die zuerst melancholisch wird und dann begreift, dass eben darin die Aufgabe des Lebens liegt: sich abzufinden mit dem Lauf der Zeit. Die Casa ist zudem eingebettet in ein bewährtes Ensemble – sie steht in Salzburg mit genau den Kolleginnen auf der Bühne, mit denen sie in Wien ihren Triumph gefeiert hat: Sena Jurinac als Oktavian und Hilde Güden als Sophie. Da wird sie plötzlich aus der Probe geholt. Dragan, ihr Mann und Manager, müsse ihr dringend etwas mitteilen. Und als sie wieder zurückkommt, ist Lisa della Casa verändert. Sie kann sich kaum konzentrieren auf ihre Rolle, denn gerade eben hat sie etwas erfahren, was ihr den Boden unter den Füßen wegzieht. Dragan hat vor dem Großen Festspielhaus Christa Ludwig getroffen, als Sängerin ebenso bewundernswert wie als Mensch. Christa ist sichtlich erregt gewesen. »Ich habe mich wegen Elisabeth so geärgert.« – »Welche Elisabeth?« Erstaunt über seine Ahnungslosigkeit hat die Ludwig geantwortet: »Na, die Schwarzkopf.« Und dem fassungslosen Dragan erklärt, warum: »Des Films wegen, natürlich. Ich finde es unerhört, dass sie nun den Film macht.« Die Schwarzkopf habe bereits einen Vertrag unterschrieben. Lisa della Casa will es ebenso wenig glauben wir ihr Mann. Nach der Probe zitieren sie Czinner herbei, der sichtbar verlegen berichtet, dass die Schwarzkopf und ihr Mann, der Schallplattenmanager Walther Legge, direkt mit der Filmgesellschaft in London abgeschlossen hätten und weil dort von della Casa nur eine prinzipielle Zusage vorgelegen habe, sei sie ignoriert worden. Aber warum hat Karajan mitgespielt – und seiner Premieren-Marschallin kein Wort gesagt? Lisa rennt zu ihm. Doch Karajan erklärt nur kühl, eine prinzipielle Zusage sei eben nicht bindend. Lisa della Casa versteht: Einer der wichtigsten Männer aus der Schallplattenindustrie ist für einen Strategen des eigenen Weltruhms wichtiger als die Sympathie einer ersetzbaren Sängerin. Nun gut, aber Karajan wird ja für eine Fernsehübertragung der Premiere gesorgt haben. Doch ausgerechnet er hat dem Fernsehen verweigert, die erste Vorstellung

Der Regisseur der Irrungen Martin Kusej bewältigte die heikle Aufgabe, die Breitleinwand der Großen Festspielhausbühne aufregend zu gestalten – wie hier die Hochzeit von Zerlina (Magdalena Kozena) und Masetto (Luca Pisaroni). 1960, bei der Eröffnung des Großen Festspielhauses, hatte man nicht gewagt, den »Don Giovanni« auf dieser großen Bühne zu bringen und war auf den »Rosenkavalier« von Richard Strauss ausgewichen.

Die Idee hinter dem Bau
Der österreichische Architekt Clemens Holzmeister (1886–1983) war schon vor dem Dritten Reich mit Festspielhauskonzepten befasst, die uneitel funktional sein wollten. Der überzeugte Katholik, der vor den Nazis in die Türkei floh, durfte dann in den sechziger Jahren den Umbau des Festspielhauses gestalten. Hier eine Skizze von 1959.

Die Technik hinter der Kulisse
Der reibungslose Ablauf des Bühnengeschehens im Großen Festspielhaus wird – wie bei dem »Don Giovanni« Kusejs – durch eine hochmoderne Drehbühne garantiert.

im neuen Haus zu filmen: Er könne keine künstlerisch-adäquate Leistung über dieses Medium vermitteln. Der eigentliche Grund für Karajans ungewohnte Kamerascheu: Er hat die gesamten Filmrechte exklusiv an eben jene englische Produktionsgesellschaft vergeben. Die Eröffnungsvorstellung beginnt. Und das Publikum erlebt atemlos, wie Karajan das Orchester zu Pianissimi zwingt, wie sie so bebend und zart noch nie zu hören waren in dieser Oper. Es ist totenstill, als das Liebesduett von Sophie und Oktavian erklingt, denn allen ist zumute, als wären sie heimliche Zeugen einer Begegnung, in der zwei Liebende der Welt entrückt sind, ineinander versunken, als gäbe es nichts außer ihnen und ihrem Glück. Für die, die nichts wissen von den Hintergründen, ist die Eröffnung, was sie werden sollte: eine Feier, strahlend und makellos. Auch für Hartmann, Otto, Karajan, für Edelmann, Jurinac und Güden ist der Erfolg ein reiner, der umgesetzt in einen Film zur Legende taugt. Nur für Lisa della Casa schmeckt der Erfolg bitter, denn sie wird als Einzige nicht dabei sein. »Ich bin betrogen worden«, sagt sie ihrem Mann. »Das habe ich nicht verdient. Ich will nie mehr nach Salzburg.« Dabei bleibt sie. Keiner vermag sie umzustimmen. Denn für sie ist der Schauplatz der Heiterkeit zu einem des Verrats geworden.

Mozarteum   Schwarzstrasse 26

Der amerikanische Bariton Thomas Hampson, 1955 in Elkhart/Indiana geboren, ist einer der prominentesten Protagonisten der Salzburger Festspiele. Er tritt dort nicht nur als Opern- und Liedsänger auf, er initiiert auch eigene Konzepte, wie das »Hampson Projekt«, das Festspielgäste mit Vertonungen amerikanischer Lyrik vertraut macht, und ist begehrter Lehrer junger Sänger aus der ganzen Welt an der Sommerakademie Mozarteum.

Wie empfinden Sie Salzburg? Für mich war Salzburg vom ersten Augenblick an aufregend und ist es bis heute geblieben.

Und wann war dieser Augenblick? Das war 1985. Da kam ich zum ersten Mal hierher zum Vorsingen. Es war ein herrlicher, warmer Tag. Ich habe eine Arie des Grafen aus Mozarts »Nozze di Figaro« vorgesungen, eine aus Korngolds »Die tote Stadt« und eine Figaro-Arie aus Rossinis »Barbiere di Sevilla«. Hier überhaupt zum Vorsingen eingeladen zu werden – das war bereits wichtiger in meiner musikalischen Biographie als alles davor. Aber ich habe auch sofort die erregende Besonderheit dieser Stadt gespürt.

Es gibt viele Menschen, die Salzburg alles andere als aufregend finden. Eher konservativ und starr. Was diese Stadt ausmacht, ist ja die Kontinuität, die Tradition. Sie hat einen ungeheuren Alte-Welt-Charme, und auch wenn die Altstadt von Touristen überlaufen ist – was ganz normal ist, bleibt sie eine wunderschöne Altstadt. Und die Liebe zu Mozart ist und bleibt einer der stärksten musikalischen Impulse auf der Welt.

Der Vorwurf lautet, dass zu viel Tradition die Stadt lähme. Kann sein, dass das für den Winter zutrifft. Da verwandelt sich Salzburg in eine stille Kleinstadt mit einer gerahmten Gesellschaft. Im Sommer ist es Weltstadt. Die Tradition der Festspiele heißt Innovation: Dieses Festival war von Reinhardts Zeiten an eines der mutigsten mit den spannendsten Uraufführungen und Inszenierungen im Bereich der Klassik.

Haben Sie, um diesen Ruf zu erhalten, 2001 Ihr »Hampson-Projekt« initiiert mit Vertonungen amerikanischer Lyrik? Das war nicht wirklich meine Initiative. Ich wurde von Hans Landesmann, dem damaligen Konzert-Direktor, eingeladen, es umzusetzen. Und ich fand es spannend, auf diese Weise die lyrischen Visionen der Neuen Welt in diesen Inbegriff der Alten Welt zu bringen. Das ist ganz im Sinn der Festspiele. Denn was dieses Festival spannend macht, ist nicht die Provokation um der Provokation willen. Es ist die Brisanz der Mischung im Programm.

Was bedeutet Salzburg für Ihre künstlerische Entwicklung? Zuerst einmal die intensivste Lehrzeit: Mein Debüt hier hatte ich 1988 in »Nozze di Figaro« unter Jimmy Levine in der Regie Jean-Pierre Ponnelles. Und Ponnelle hat mir in unfasslich kurzer Zeit unfasslich viel beigebracht. Dass es klug ist, der Zeitlosigkeit von Mozarts Musiksprache zu vertrauen – und nicht aus lauter Angst, die könnte unmodern sein, alles mit Gags zuzudecken. Und dann die Einsicht, wie sehr einen die intensive Probenarbeit hier weiterbringt.

Was macht sie so intensiv – die im Vergleich zu anderen Festspielen lange Probenzeit? Es macht eine große Konzentration möglich, dass die Stadt für mich jedes Jahr Heimat wird für einige Wochen. Der Toscaninihof heißt ja auch nicht so, weil Toscanini nett war, sondern weil Salzburg eine Zeit lang sein Zuhause war.

Der Wechsel Mortier/Ruzicka – was bedeutet er für Sie? Regime kommen und gehen, Sänger wie ein gewisser Thomas Hampson kommen und gehen, aber (er lacht) Salzburg ist und bleibt Salzburg und das ist gut so.

Gibt es für Sie eine besondere Aura hier, einen Genius Loci? Ja. Salzburg ist ein Sanctum. Und das spüren fast alle. Es ist ein heiliger Platz und keiner kann ihm das nehmen. Fast jeder versteht hier, dass wir Künstler nicht das Wichtigste sind, sondern dass wir im Dienst einer größeren Sache stehen.

Karajans Elternhaus   J.-F.-Hummel-Strasse 1

Im ersten Stock der eindrucksvollen Villa mit Kuppeln und Türmchen, von der aus man einen herrlichen Blick auf die Salzach, auf die Feste Hohensalzburg und die Kirchen der Stadt hat, steht an der hohen Eingangstür: Dr. med. Ernst Ritter von Karajan. Dahinter befindet sich aber nicht nur die Privatpraxis des Chefarztes vom St.-Johann-Spital, sondern auch seine Wohnung. Sie bietet reichlich Platz für die vierköpfige Familie und verfügt über ein perfekt ausgestattetes Musikzimmer. Am Klavier sitzt ein sechsjähriger Junge und übt. Wolfgang merkt nicht, dass sich hinter den Vorhängen an den Sprossenfenstern ein Zuhörer verbirgt und aufpasst. Jeden Ton versucht der sich einzuprägen, jede Triole, jeden Triller. Die Familie wundert sich nur, dass Herbert, der jüngere Bruder, ohne Stunden zu haben, schon spielen kann. Gezeigt hat's ihm keiner und Notenlesen ist ihm auch von niemandem beigebracht worden. Wir befinden uns im Jahr 1912, als den Literatur-Nobelpreis Gerhart Hauptmann bekommt, der bemerkt hat: »Festspiele in Salzburg, das ist der natürlichste und glücklichste Gedanke, den es geben kann.« Niemand wagt zu vermuten, dass jenes Kind von vier Jahren, das hinter den Gardinen seinen Bruder belauscht, die Salzburger Festspiele jahrzehntelang bestimmen wird. Als sei es ein ebenso glücklicher und natürlicher Gedanke, dass ein Salzburger sie regiere. Das Kind ist schon jetzt getrieben von jenem eifersüchtigen Ehrgeiz, der ihn auf den höchsten Gipfel des Ruhms und der inneren Einsamkeit tragen soll. Dabei müsste der Kleine nicht buhlen um Aufmerksamkeit, er, der Liebling von Martha, seiner nur allzu fürsorglichen Mama. Er sei eben ein Sonntagskind, erzählt sie jedem, nicht nur, weil Herbert wirklich an einem verregneten grauen Salzburger Frühlingssonntag, am 5. April 1908, zur Welt gekommen ist, auch weil der schmächtige Sohn mit dem großen Kopf für sie der besondere ist, der begabte, bewunderte, verheißungsvolle. Die Eltern haben den Vierjährigen bereits mitgenommen ins Theater, wo er sich das Vorspiel und den ersten Akt von Wagners »Meistersingern« anhören durfte. Und allmählich sehen sie ein, dass kein Kraut gewachsen ist gegen den Willen ihres Sprösslings: er bekommt Klavierstunden. Und tritt ein halbes Jahr später bereits öffentlich auf – bei einer Wohltätigkeitsveranstaltung in einer Wirtschaft im Ortsteil Morzg. Im Lauf der folgenden Jahre wird jedem klar, der Herbert begegnet: Sein Drang, der Bessere, nein: der Beste zu sein, ist überwältigend. Und diesem Ziel opfert er alles. Zuerst seine Kindheit. Vier bis sechs Stunden sitzt er täglich im Musikzimmer und übt wie besessen. Nach fünf Wochen hat er, eigenen Angaben zufolge, den Bruder eingeholt, nach sechs überrundet. Für das, was andere Jungen in seinem Alter begeistert, bleibt keine Zeit. »Ich hatte«, gesteht er später, »natürlich auch darauf einen Heißhunger, aber es ging nicht.« Dafür besiegt er seinen Bruder: Wolfgang sattelt um auf Violine. Beide studieren neben der Schule am Mozarteum, beide dürfen mit dem zwanzig Jahre älteren Freund Bernhard Paumgartner, ihrem Kompositionslehrer, auf dessen Motorrad durch die Gegend brausen, beide gehen nach Wien zum Studieren – aber nicht etwa das Fach Musik: Herbert schreibt sich an der Technischen Hochschule ein. »Was willst du denn als Musiker machen, wenn du im Alter taub bist?«, hat die Mama ihn gefragt. Aber irgendwann bricht sich seine mächtige Begabung ihre Bahn, er wird zuerst Pianist, dann Dirigent. Und schließlich opfert Karajan seinem Ehrgeiz auch die Moral. Sommer 1933. Seit viereinhalb Jahren schon Zweiter Opernkapellmeister in Ulm dirigiert Herbert von Karajan im August mit 25 Jahren das erste Mal offiziell bei den Salzburger Festspielen die Bühnenmusik, die sein Lehrer und Förderer Paumgartner zu Max Rein-

Geliebte Wahrzeichen
St. Oswald, die romanische Kirche von Anif, erbaut aus dem heimischen Nagelfluh-Gestein, und Herbert von Karajan (1908–1989), der berühmteste Einwohner des idyllischen Ortes im Süden Salzburgs. Hier lebte er mit Eliette und den beiden Töchtern, hier starb er 1989 und hier, auf dem Kirchhof, befindet sich sein schlichtes Grab.

Ungeliebte Wahrheiten
So makellos die Karriere des Wunderkinds Herbert von Karajan begann, der bereits mit acht Jahren Student am Mozarteum wurde und dort mit neun zum ersten Mal als Solopianist auftrat, so fragwürdig war deren späterer Verlauf. Die großen Künstler, die er nach Salzburg zog – wie hier den 25-jährigen Glenn Could (1932–1982) –, verfielen seinem begeisternden Charme. Auch das Konservatorium Mozarteum ist zu Recht stolz auf diesen Schüler, der schräg vis à vis zur Welt kam und zum erfolgreichsten Dirigenten seines Jahrhunderts wurde. Das Mozarteum, ein Bau des Münchner Architekten Richard Bernd, entstand zwischen 1910 und 1914.

hardts Faust-Inszenierung komponiert hat. Musikalischer Leiter der Salzburger Festspiele ist in diesem Sommer noch Bruno Walter, der auf Druck der Nazis bereits alle Verpflichtungen in Deutschland gelöst hat. Und der grandiose junge Dirigent ist seit Anfang April Mitglied einer Partei, die das so genannte Weltjudentum auszurotten gedenkt. Am 1. April hatte die NSDAP ihr erstes antisemitisches Pogrom organisiert. Sechs Tage später stand in dem nazitreuen »Salzburger Volksblatt« die Meldung, dass im Berliner Reichstag ein Gesetz verabschiedet worden sei zur Wiederherstellung des Berufsbeamtentums und dass Juden ihre Stellen verlieren würden. War es Zufall, dass Karajan, dessen Kollege und Konkurrent in Ulm, Otto Schulman, Jude war, am selben Wochenende unter der Nummer 1 607 525 der Partei beitrat? Karajan, dessen Vorfahren zu Mozarts Zeiten aus den mazedonischen Bergen nahe dem Olymp zuerst nach Wien, dann nach Sachsen ausgewandert waren und schließlich zurück nach Wien zogen, war geworben worden von einem Salzburger Namensvetter: Herbert Klein, Sohn des beliebten Gummiwarenhändlers aus der Sigmund-Haffner-Gasse. Karajan war früh dabei und ihm war daran gelegen, in diesem Jahr der Machtergreifung klar Position für die Nazis zu beziehen, denn sicherheitshalber war er der Partei in Deutschland am 1. Mai noch ein zweites Mal beigetreten, Ortsgruppe Ulm, Gau Württemberg, Mitgliedsnummer 3 430 914. Sicher ist: Bei den Festspielen im Sommer 1933 erzählt der geniale junge Karrierist, der daheim, in der neubarocken Villa neben dem Österreichischen Hof, von der Mama verwöhnt wird, niemandem von seinem Parteibuch. Es fragt ihn auch keiner: alle sind der Sache hingegeben – er auch. Angekreidet wurde ihm das politische Engagement fürs Hitlerregime vom Salzburger Festspielpublikum später in keiner Weise – wenige Ausnahmen bestätigen auch da die Regel. Er ist entnazifiziert und seine Musik besiegt die Menschen. Bereits wie er auftritt, gespannt wie eine Raubkatze, hochkonzentriert, knapp und dynamisch in seinem Schlagbild, wie er alles ohne Noten aus dem Gedächtnis dirigiert – das ist ein Ereignis. Seine Interpretationen von Mozarts »Don Giovanni« und Strauss' »Elektra«, von Bizets »Carmen« und Verdis »Otello« lassen die Menschen im Saal alles vergessen. Er ist eben das, wozu ihn ein Kritiker in Berlin erklärt: »Das Wunder Karajan«. Ein Wunder der Perfektion und Brillanz. Und Wunder hinterfragt man nicht. Salzburg ist und bleibt Herbert von Karajans Schicksal. Elf Jahre nach Kriegsende wird er zum künstlerischen Leiter der Salzburger Festspiele ernannt. Und 1960 eröffnet der 52-Jährige das Große Festspielhaus mit dem »Rosenkavalier« von Richard Strauss. 1967 ist er es, der in seiner Heimatstadt für eine zweite Musiksaison sorgt: Er veranstaltet erstmals die »Osterfestspiele«. Und auf dem Weg zum Ganzjahresfestival gründet er sieben Jahre danach auch die Pfingstkonzerte. Zwischendrin erfreut er die Stadt mit einer Herbert-von-Karajan-Stiftung und sie ihn mit der Ehrenbürgerwürde. Salzburg ist Karajan, Karajan ist Salzburg. Königlich fährt er in der Hofstallgasse vor in seinem Rolls Royce, betritt durch ein Spalier der Anbeter das Haus. Königlich betritt seine dritte Frau, die schöne blonde Eliette, als Letzte und immer mit aristokratischer Verspätung den Saal – dann erst hebt er den Stab. Und Salzburg ehrt ihn wie einen König, auch als er längst zum Denkmal seines eigenen Mythos erstarrt. 337 Mal hat er in Salzburg am Dirigentenpult gestanden. 247 Opern hat er hier dirigiert, 14 davon selbst inszeniert und außerdem 90 Konzerte geleitet. 1989 stirbt Herbert von Karajan auf seinem Anwesen in Anif. Salzburg konnte ihm so wenig entkommen wie er dieser Stadt.

Franziskanerkirche   Sigmund-Haffner-Gasse 15

Er ist ein Sonderling. Jeden Tag geht er in seiner braunen Kutte auf dem Mönchsberg spazieren. Allein ist der Franziskaner dabei nie, denn die Novizen lieben ihn, weil er so anders ist, vergnügt, verschmitzt und dickköpfig, so wie der Ordensgründer gewesen sein soll, und weil er immer irgendwelche Späße und Geschichten parat hat. Pater Singer fällt hier auf schon wegen seines Dialekts, er kommt aus Nordtirol, aus dem oberen Lechtal. Geld gab es daheim wenig – der Vater war Müller, Musik aber viel, denn im Nebenberuf betätigte sich der Vater als Glockengießer und Instrumentenbauer, stellte Flöten, Klarinetten und kleine Stiftklaviere her. Dass einer aus so ländlichen, aber doch ambitionierten Verhältnissen Pater wird, ist nicht ungewöhnlich. Auch nicht, dass er die klösterliche Stille dazu nutzt, sich seinen Forschungen zu widmen. Doch Peter Singer verfasst nicht nur philosophische und musiktheoretische Werke, er ist nicht nur ein überragender Organist und ein emsiger Komponist – 101 Messen, 133 Offertorien, 15 Litaneien und ebenso viele Marienlieder wird er zustande bringen. Er ist auch Erfinder. »Nennt man mich den Paganini des Klaviers, so ist Pater Peter der Liszt der Orgel«, soll Franz Liszt nach einem seiner Salzburgbesuche gesagt haben. Jedenfalls erzählen das die Salzburger. Während des Mozartfests 1856 zum 100. Geburtstag des Komponisten sind nach und nach 1300 Menschen aus aller Welt in die Zelle des Paters gepilgert, um seine Erfindung zu sehen und zu hören. Bruckner, Meyerbeer, Cornelius und zahlreiche andere prominente Musiker haben ihn besucht, sogar Kaiser Franz Joseph I. und Kaiser Wilhelm I., Napoleon III., Italiens König Vittorio Emmanuele und Bayerns König Ludwig I. Alle Stände seien bei ihm gewesen, »bis auf einen regierenden Papst«. Es ist bekannt, dass jeder Besucher pünktlich zu sein hat: Um elf Uhr wird das berühmte Salzburger Glockenspiel ertönen, das Singer ebenso wie den »Salzburger Stier« eigenhändig restauriert hat. Da beendet der Pater seine Vorführung. Vor Instrumenten und Ritualen hat er Respekt. Peter Singer freut sich über jeden Gast, der ermessen kann, wie viel Geduld und Einfallsreichtum er in dieses Instrument gesteckt hat, das er »Pansymphonikon« nennt. Direkt neben seinem Bett steht es. Die Flügeltüren, mit denen der Instrumentenkasten verschlossen werden kann, stehen offen. Das legendenumwobene Werk, an dem er Jahre gebastelt und das er 1843 fertig gestellt hat, schaut aus wie ein Pianino, es hat zwei Manuale, 42 Register, die Hälfte Solostimmen. Alle gebräuchlichen Orchesterinstrumente imitiert es naturgetreu. Vom Klang der Instrumente versteht der Pater einiges – er spielt selbst Violine, Harfe, Flöte, Horn und Klavier. Und jedes Register hat exakt den Tonumfang des Instruments, den es darstellt. Die Violine beginnt mit dem g der kleinen, das Violoncello mit dem c der großen Oktave, die Flöte mit dem c der eingestrichenen. Sie können ganz frei kombiniert werden – zu einem Streichquartett oder einem Posaunenterzett oder zu einem leisen Duett von Klavier und Flöte. Der Klangreichtum des »Pansymphonikon« ist überwältigend für ein verglichen mit der Orgel doch recht knapp bemessenes Instrument: 1,65 Meter hoch, 88 Zentimeter tief. Es kann sanft und melancholisch singen, aber auch rauschenden Orchesterklang erzeugen. Nur ein Problem hat die geniale Erfindung: Das Instrument ist ungeheuer schwer zu spielen. Auf die marmorne Gedenktafel, die man 1883 zu seinen Ehren unter dem Schwibbogen zwischen Kloster und Kirche angebracht hat, hätte er wahrscheinlich keinen Wert gelegt.

Pracht für Bettelmönche
Der barocke Hochaltar (1709/10) von Johann Bernhard Fischer von Erlach in der Franziskanerkirche zu Unserer Lieben Frau; vom gotischen Altar Michael Pachers ist nur noch die Marienfigur erhalten. Klangliche Pracht lieferte das Pansymphonikon, das der hochbegabte Organist Pater Peter Singer (1810–1882) erfunden hat. Es ist nach Voranmeldung beim Abt zu besichtigen.

Eleganz für den Bettelorden
In der ersten Hälfte des 15. Jahrhunderts errichtete Hans von Burghausen den selbstbewussten hohen Hallenchor der Franziskanerkirche. (nächste Doppelseite)

SCHAUPLATZ
der Literatur

»Ich bin ein Ortsschriftsteller. Für mich sind die Orte ja die Räume, die Begrenzungen, welche erst die Erlebnisse hervorbringen.«

Peter Handke

Schauplatz der Literatur

»Wer ist ein Dichter?«, hat sich Thomas Mann selbst befragt. Und gemeint: »Der, dessen Leben symbolisch ist.« In Salzburg erweisen sich vor allem die Schauplätze als äußerst symbolisch für das Leben der Dichter. Da gibt es das Schloss Bürglstein in der Arenbergstraße 8–10, wo 1912 der 49-jährige Dichter HERMANN BAHR mit der mindestens ebenso berühmten Sängerin Anna Mildenburg in die Wohnung im ersten Stock einzog, Blick zum Garten. In der Kapelle des Schlosses heiratete der Dichter die Frau, deren Ausstrahlung er in Bayreuth verfallen war – sie sang, symbolisch auch das, die Isolde. Für zehn Jahre machte der kauzige große Mann, den keiner übersehen konnte, aus der großen Wohnung im repräsentativen Anwesen am Kapuzinerberg einen Treffpunkt für Künstler und Intellektuelle. Der Empfangssaal des Schlosses schien Bahr gerade angemessen für seine Bibliothek von 14 000 Bänden, für die schweren imposanten Möbel und für seine Sammlung von Gegenwartskunst. Manche befremdete es, dass er aussah wie ein greiser Apostelfdarsteller in Lederhosen. »Man kann auch alt werden, ohne so ein Aufsehen damit zu machen wie Sie mit Ihrem ellenlangen weißen Bart«, erklärte frech die Journalistin Bertha Zuckerkandl, die Wiens berühmtesten Salon führte. »Ich bin eigentlich ein geborener Benediktiner«, erklärte er gern, »der seinen Beruf verfehlt hat und seine Zeit: ein Kloster des 16. Jahrhunderts. Und so blieb mir nichts anderes übrig, als sozusagen ein Benediktiner auf eigene Faust zu werden.« Die Devise dieses Ordens heißt bekanntlich *ora et labora* – Bete und arbeite. An beides hielt sich Bahr, der in Salzburg bereits zur Schule gegangen war – auf das Gymnasium der Benediktiner. Jeden Morgen spazierte er zur Sechs-Uhr-Messe in die Franziskanerkirche, um danach beim Frühstück im Café Tomaselli bei einer großen Melange bereits erste Gedanken zu Papier zu bringen. Symbolisch auch, dass Bahr Gustav Klimts »Nuda Veritas«, das Aktbild einer splitternackten Rothaarigen mit wollüstigen Schenkeln, hinter einem weißen Vorhang verbarg, der nur bei Bedarf geöffnet wurde. 1922 zog Bahr seiner Frau zuliebe nach München, die dort eine Professur bekommen hatte. Erst 1934 kehrte er nach Salzburg zurück, im Sarg. Nicht weniger symbolisch das Haus eines Dichters im Schwarzgrabenweg 3. Um so ein Haus aufzutun, braucht es H.C. ARTMANN, in dem sich Struktur und Chaos vereinen, in dem Assyrisch auf Spanisch stößt, Wienerisch auf Walisisch, Finnisch auf Französisch, Dänisch auf Italienisch. Hans Carl Laertes Artmann, Sohn einer Bauerntochter und eines Schuhmachers, geboren in Wien, hat mit diesem Haus, das er seit 1974 mit seiner Frau, der Literatin Rosa Pock, und seiner Tochter Emily bewohnte, etwas Außergewöhnliches entdeckt: Abgeschieden, aber nicht idyllisch, außerhalb der Stadt gelegen, aber trotzdem laut, ist es symbolisch für ihn – ein lebender Widerspruch und ein Abbild seiner Unabhängigkeit von dem Schönen, Feinen, Anerkannten. Dass der Flughafen nur 200 Meter entfernt lag, gefiel ihm ausgesprochen gut: »Das gibt mir so ein Stuyvesant-Gefühl.« Das Gefühl von Freiheit, das er so dringend brauchte wie das Nikotin. Symbolisch auch, wie er in diesem Haus, erfüllt von Büchern und Zigarettenqualm, lebte. »Passen's auf«, rief er Erstbesuchern von oben durchs Treppenhaus zu. »An der Stiegen haben sich schon Zwerge s'Hirn eing'schlagen.« Sein Haus am Schwarzgrabenweg wurde Schauplatz literarischer Freundschaften, literarischer Exkursionen wie der Übersetzung von »Asterix und Obelix« ins Wienerische und literarischer Ehrungen – 1997 erfuhr H.C. Artmann hier, dass er den Büchner-Preis erhalten sollte. Schauplatz war das Haus jedoch auch für Außenstehende: Wer auf der schmalen schnurgeraden Straße daran vorbeifuhr, sah H.C. Artmann

Heimat der Literaten
Das Kaffeehaus. Hermann Bahr (1863–1934) begann seinen Arbeitstag mit einer Melange im »Tomaselli«, Kollege Stefan Zweig (auf der vorhergehenden Doppelseite in der Büste von Josef Zenzmaier, 1983, gegenüber dem Kapuzinerkloster) beendete ihn beim Schachspiel im »Bazar«.

bei trockenem Wetter oben auf dem Balkon in einem ehemaligen Sessel sitzen, den blassen Arm auf eine nackte Polsterspirale gestützt. Und H.C. Artmann selbst machte in Salzburg vieles zum literarischen Schauplatz: nicht etwa dem Klischee gehorchend die Kaffeehäuser, sondern die Metzgerei Felder am Neutor oder die Metzgerei Stefanitsch in der Philharmonikergasse, wo er den »Wadschunggn«, hochdeutsch Beinschinken, für sein Gulasch kaufte, den Schlossgasthof Aigen, wohin ihn Freunde oder Verleger einluden, und dann natürlich die Plätze, wo er Eisstockschießen ging mit seinen Freunden. Gestorben ist er, der schon mit neunzehn die Schrecken des Krieges erlebt hatte und immer aussah, als würde er nicht alt, allerdings in seiner Geburtsstadt Wien. Das Haus am Schwarzgrabenweg war zum Leben da, nicht zum Sterben. Von einer leisen tragischen Symbolik ist die schöne Villa in der Plainburgstraße 105 in Großgmain, die durch zwei Bewohner zum Schauplatz der Literatur wurde: ILSE AICHINGER und GÜNTHER EICH. 1963 zogen sie mit ihren Kindern Clemens und Mirjam ein in das eindrucksvolle Haus aus der Jahrhundertwende. Nur 500 Meter Luftlinie entfernt verläuft die Grenze nach Deutschland. Ilse Aichinger, deren Onkel und Tanten und auch die Großmutter, in deren Wohnung sie aufgewachsen war, im KZ ermordet wurden, sagt, Grenzerfahrungen seien der eigentliche Inhalt von allem, was sie denke, fühle und schreibe. Und sie selbst trage die Grenze in sich. Im Werk ihres Mannes, vierzehn Jahre älter als sie, geht es mehr um die Grenzen des Bewusstseins – Eichs Hörspiel »Träume« gehört zu seinen berühmtesten Arbeiten – und um die der Sprache. Ihr Sohn CLEMENS EICH, eigentlich zum Schauspieler ausgebildet, hat nur einen einzigen Roman in seinem kurzen Leben geschrieben – »Das Steinerne Meer«. So heißt der grenzübergreifende gewaltige Gebirgszug, zur Hälfte in Österreich, zur Hälfte in Deutschland, wo in dem Kaff Muna ein junger Mann seinen Großvater versorgt und schließlich zu verlassen beschließt. Um dadurch die Grenzen zu überwinden. Im Februar 1998 kam Clemens Eich, noch keine 44 Jahre alt, bei einem Unfall ums Leben. Wie seine Mutter war auch er der Magie des Untersbergs erlegen, an dessen Fuß sich Muna befindet. Der Untersberg ist der Schicksalsberg Salzburgs, ein symbolischer Schauplatz der Mythen und des Aberglaubens. Nach der Legende hockte in diesem Berg Kaiser Karl der Große, wahlweise Kaiser Friedrich II. Barbarossa, der dort auf die Endzeitschlacht warte, in der er wieder von seinem Volk gebraucht und es zum »Endsieg« führen würde. Naheliegend, dass die Nationalsozialisten die Legende zu ihren Zwecken ausbeuteten und sich auch die Sage zunutze machten, wenn der dürre Baum auf dem Walserfeld dort wieder grün austreibe, dann sei die Zeit gekommen. Während viele hier solche Geschichten liebten und sie bis in die Gegenwart fortsetzten mit Gerüchten von UFO-Landungen am Untersberg, hat die Dichter vor allem eins interessiert: Weshalb dieser Berg eine so magische, den Verstand verdunkelnde, die Phantasie beflügelnde Wirkung ausübt und sich zu Recht Schauplatz der Literatur nennen darf, deren nächtliche und lichte, schlimme und schöne Seiten er symbolisch verknüpft. Erst nach 21 Jahren – ihr Mann war längst tot – befreite sich Ilse Aichinger von dem Bann des Ortes im Rücken des Untersbergs und zog nach Frankfurt, später nach Wien. Besonders symbolisch ist ein Schauplatz auf dem Mönchsberg, Nr. 17/17 A, der so genannte Konstantinturm, wo ab 1948 BERTOLT BRECHT seinen offiziellen Wohnsitz hatte als Gast des Komponisten Gottfried von Einem. Der spielte bei den Festspielen eine bedeutende Rolle, erst recht seit im Jahr zuvor die Uraufführung seiner Oper »Dantons Tod« einen großen Erfolg gefeiert hatte. Von Einem hatte Brecht eingeladen, weil er sich von ihm neue Anregungen für die Festspiele erhoffte. Zwar waren Brecht und seine Frau Helene Weigel beim ersten Besuch nicht gerade hingerissen von »der ausgepowerten und erschöpften Stadt«. Aber trotzdem entschlossen, hierher zu ziehen, denn beide sehnten sich nach einem Zufluchtsort. Brecht plante, einen zeitgemäßen neuen »Jedermann« zu schreiben, einen »Salzburger Totentanz«. Und wollte ihn wie den »Jedermann« im Freien aufführen – im Hof des Kollegs St. Benedikt. Der Mönchsberg ist ein Hausberg der Salzburger und dass Brecht sich ausgerechnet an dieser

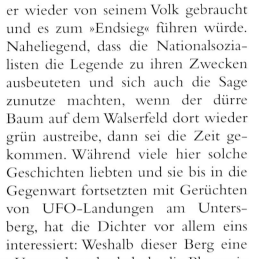

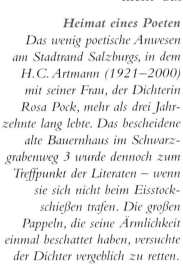

Heimat eines Poeten
Das wenig poetische Anwesen am Stadtrand Salzburgs, in dem H.C. Artmann (1921–2000) mit seiner Frau, der Dichterin Rosa Pock, mehr als drei Jahrzehnte lang lebte. Das bescheidene alte Bauernhaus im Schwarzgrabenweg 3 wurde dennoch zum Treffpunkt der Literaten – wenn sie sich nicht beim Eisstockschießen trafen. Die großen Pappeln, die seine Ärmlichkeit einmal beschattet haben, versuchte der Dichter vergeblich zu retten.

symbolischen Stelle einnisten und als Antiklerikaler einen klerikalen Ort zu seinem Theater-Schauplatz machen wollte, mag die glimmenden Aversionen gegen den Kommunisten noch angefacht haben. 1950 bekam er die österreichische Staatsbürgerschaft und zugleich die nun lodernde Aggression der Konservativen vor Ort zu spüren. Das Land werde »geistig bolschewikt«, erregten sie sich. Die »Salzburger Nachrichten« hetzten gegen den Dichter, der hierher passe »wie die Dieselmaschine ins Oratorium«. Die flammenden Reaktionäre siegten, verjagten Brecht vom Mönchsberg, aus der Stadt, aus dem Land. Und mit ihm Gottfried von Einem aus dem Festspielausschuss. 1979 zog PETER HANDKE mit seiner Tochter in den hinteren Trakt des Hauses am Mönchsberg ein. Was daran so symbolisch war, beschreibt Handke selbst in der Erzählung »Nachmittag eines Schriftstellers«: »Obwohl sein Haus oben auf dem Hügel lag, mit den Fenstern frei nach allen Himmelsrichtungen, hatte er dort den ganzen Tag keinen rechten Blick für die Weite gehabt. Erst mit dem Abstieg und der Menschennähe kam jetzt die Fernsicht.« Das heißt: Den Turm, den steinernen und eigentlich elfenbeinernen, musste der Dichter verlassen, um Einsicht zu gewinnen ins Leben, in die Natur. Die Nähe als Voraussetzung dafür, jenen Überblick zu gewinnen, den keiner von oben herab bekommt. »Ich bin«, hat Handke gesagt, »ein Ortsschriftsteller. Für mich sind die Orte ja die Räume, die Begrenzungen, die erst die Erlebnisse hervorbringen.« Es trieb ihn hinaus zu langen Wanderungen auf den Stadtbergen Salzburgs. Weil alle diese Orte, die Berge, die Stiegen, die Plätze und Aussichtspunkte für ihn symbolischer Natur sind, hat Handke sie – ohne sie beim Namen zu nennen – unverkennbar verewigt in vielen der Werke, die in Salzburg entstanden. Trotzdem stieß er auf Ablehnung, sogar Feindschaft. THOMAS MANN hingegen war bei seinen vielen Auftritten in Salzburg wie kaum ein anderer deutschsprachiger Dichter gefeiert worden. Er konnte sein symbolisches Leben inszenieren – publikumswirksam. Der Autor der »Publikumsbeschimpfung« inszeniert es anders.

Unwirtliches Bauwerk, unglaublicher Blick
Der Konstantinturm, Mönchsberg 17 (Privatbesitz). Der Komponist Gottfried von Einem wohnte hier in der Nachkriegszeit und beherbergte als Gast Bert Brecht. Peter Handke zog Ende der siebziger Jahre mit Tochter Amina ein und beschrieb die Wege, die er von hier aus ging, als wären sie Seelenpfade.

Wohnhaus Trakl

Waagplatz 3

Es könnte alles ganz einfach sein. Und nun dieser grässliche Anblick, der das Schlimmste vermuten lässt. Reglos und bewusstlos liegt er auf dem Kanapee im Wohnzimmer. Wie immer blass, exaltiert angezogen, die Haare pomadisiert, die langen Hemdmanschetten kunstvoll aus dem Ärmel gezupft. Seine Fingernägel sind völlig gelb, auch der Bartflaum auf der Oberlippe ist gelb verfärbt. Er atmet so flach, als sei das Leben schon fast aus ihm gewichen. Die Familie steht um ihn herum, gelähmt vor Entsetzen. Seine fünf Jahre jüngere Schwester weicht kaum von seiner Seite. Grete, die ihm ähnlich sieht mit ihrem bulligen Gesicht und die mit ihm die meiste Zeit verbringt, sagt nichts. Obwohl sie als einzige Bescheid weiß, was los ist mit dem großen Bruder. Tobias, sein Vater, weiß nicht, was geschehen ist. Gesundheit, Erfolg, Geld, Kinder, Anerkennung: Tobias Trakl hat es geschafft. Zugewandert aus dem westungarischen Teil des Reichs, ist ihm hier in Salzburg der Aufstieg gelungen. Und den sollen ihm die Leute auch ansehen. Um seine Wohnung wird er jedenfalls von vielen beneidet. Zehn gut geschnittene Zimmer, dazu Kammern, Kabinette, Küche und Bad. Und der Blick von dort aus auf den weiten lichten Mozartplatz ist angenehm, weil er verschweigt, dass Salzburg abgestorben und ausgestorben ist: Verlassen die Paläste, erloschen der Glanz, verschwunden der Mysterienzauber, vertrocknet die barocke saftige Sinnlichkeit. Im Sommer, da kann die Stadt kurz noch erblühen, sobald aber die Bäume nackt und die Tage grau sind, erfüllt sie empfindsame Menschen mit bleierner Traurigkeit. Und manche mit der Krankheit zum Tode. Es hat lange nicht nach Problemen ausgesehen. Jedenfalls nicht nach einer Katastrophe wie der: dass er mit achtzehn totenstarr daliegt und ausschaut, als sei er von innen heraus verfault. Georg liest seit seiner Kindheit wie besessen, Dostojewski, Ibsen, Strindberg und Björnson, Stefan Georges und Hofmannsthals Gedichte und natürlich die von Verlaine und Baudelaire. Wie die Geschwister spricht er durch die Gouvernante perfekt französisch und stellt sich im Klavierunterricht bei dem bizarren kurzgewachsenen Komponisten Brunetti-Pisano geschickt an. Hört gerne Konzerte im Mozarteum, verfolgt vom Stehplatz aus, was das Stadttheater auf die Bühne bringt. Und er zeigt durchaus fürsorgliche Qualitäten: Um Grete, die Lieblingsschwester, kümmert er sich intensiv. Mit ihr teilt er viele Leidenschaften, auch die für Chopin und die russischen Romantiker, die beide gut spielen – was sogar die sonst völlig gleichgültige Mutter freut. Die Aufnahmeprüfung ins k. u. k. Staatsgymnasium, die Eliteschule in der Stadt, hatte Georg auf Anhieb geschafft. Dann aber war es abwärts gegangen mit ihm. Warum, kann keiner sagen. Erst ist er in der vierten Gymnasialklasse sitzen geblieben, dann in der siebten. Und hat sich vor kurzem, im September 1905, abgemeldet von der Schule. Für den Vater enttäuschend, für den Sohn eine Katastrophe, die sein Inneres zerreißt in wahnwitzigem Zweifel. Denn Georg Trakl selbst weiß, was andere nicht wissen, ganz wenige vielleicht ahnen: er ist ein Genie. Seine Freunde können damit leben, dass er sich für einen Auserwählten hält und zugleich für einen Verfluchten. Es sind ein paar intime Freunde, die wie er Gedichte und Prosa verfassen, die Salzburgs Starre mit Exzentrik zu sprengen versuchen und der bürgerlichen Anständigkeit entfliehen in die verdreckten Freudenhäuser in der Judengasse, der Herrengasse, der Steingasse und in die verrufensten Kneipen. Einmal in der Woche treffen sich alle sieben in der Linzer Gasse, im Berger-Bräu, und jeder liest den anderen vor, was er geboren hat. Georgs Texte sind immer rauschhaft, pathetisch, orgiastisch in ihrer Sprache und kreisen meistens um dieselben Obsessionen: um Geilheit und Kasteiung, um brünstige Lust

Idylle für einen Verzweifelten
Im Gartenhaus der Pfeifergasse 3 (Privatbesitz) suchte der suchtkranke junge Dichter, der sich eingesperrt fühlte in der großen Wohnung am Waagplatz, Beruhigung in Kindheitserinnerungen. Das Selbstbildnis im Geburtshaus lässt Georg Trakls (1887–1914) Ende durch Suizid bereits ahnen.

Fluchtburg eines Einsamen
Blick aus dem Bordell in der Steingasse, in der Trakl bei den käuflichen Mädchen etwas Unbezahlbares fand, Nähe und Wärme, die er bei der Mutter vergeblich gesucht hatte.

Zugang zu einem Verschlossenen
Haustür des Traklschen Elternhauses am Waagplatz heute Georg Trakl Forschungs- und Gedenkstätte, in dem die Tragödie von Sucht und Inzest begann.

und Scham, um haltlose Begehrlichkeit und Schuld. Ein paar von den Freunden spüren, dass er größer ist als sie. Sie wundern sich nicht, dass das Stadttheater einen Einakter von ihm aufgeführt hat, »Totentag«, der gnädig aufgenommen wurde, dass er schon eine lyrische Skizze veröffentlicht und nun zum zweiten Mal im Salzburger Theaterprogramm gestanden hat – mit »Fata Morgana«. Ein Durchfall leider. Sie wundern sich auch nicht, dass Georg danach noch mehr vom Sterben redet und vom Selbstmord, von der Herrlichkeit eines Todes im Drogenrausch – davon redet er dauernd und so viel, dass ihm kaum einer glaubt. Solange einer angibt mit seinen Chloroform-Exzessen und damit prahlt, dass er seine Zigaretten mit Opium tränkt, wird schon nicht alles so wild sein. Die Freunde ahnen schon, welche Demütigung es für ihn ist, jetzt als Apothekerlehrling zu arbeiten, in der Hoffnung, danach Pharmazie studieren zu können und doch noch Akademiker zu werden. Direkt nach dem Schulabbruch hat er angefangen bei Carolus Hinterhuber in der Apotheke zum »Weißen Engel«, einem alteingesessenen Betrieb in der Linzer Gasse. Wenigstens in der Gegend, die er liebt. Der Lehrling darf dort in dem berüchtigten Stüberl, einer zum Ausschank umgebauten Materialkammer, sitzen. Dass er ein Spinner ist, weiß in Salzburg jeder. Die Pförtner von Hellbrunn wissen, dass der Kerl, der frühmorgens oft mit traumverlorenem Blick aus dem Tor wankt, dort die Nacht verbracht hat. Die Kellner des Tomaselli können davon berichten, wie der junge Trakl plötzlich aufgesprungen ist und erklärt hat, er müsse dringend den käuflichen Mädels in der Judengasse ein Paket mit Krapfen bringen. Ohnehin findet jeder, der das schöne Elternhaus kennt, es befremdlich, dass der junge Trakl sich in den schlimmsten Vierteln der Stadt herumtreibt, wo die Menschen unter katastrophalen hygienischen Bedingungen hausen. Und sich inmitten dieser Seuchenherde wohl fühlt, die andere fliehen. Dass er in der Steingasse nicht nur das Haus 24 besucht, dieses schmalbrüstige billige Bordell, wo ihm für Geld jede Unflätigkeit verziehen wird, sondern auch, dass er in den verrufenen Kneipen versumpft. Dass er sich in antisemitischen Kraftsprüchen oder in autoritären Parolen ergehen kann, die er von seinem Klavierlehrer hat. Dass er die Zigeuner liebt und

manchmal raus wandert nach Maxglan, wo die dunkelhäutigen Pferdehändler mit ihren Sippen die Lager aufgeschlagen haben. Und dass er nach einem Verriss in der »Salzburger Chronik« diese Zeitung im Kaffeehaus lauthals als »die Stinkbombe, bittschön« bestellt. Die Freunde wüssten mehr zu sagen, wenn sie ihn hier liegen sähen, verquollen und bewusstlos. Doch warum er sich zugedröhnt hat mit Veronal, Chloroform oder Opium, weiß nur die, die ihm ähnelt, seine Schwester Grete. Natürlich ist die Versuchung nun noch größer, wo er sich im Medikamentenkeller unterm »Weißen Engel« mühelos alles beschaffen kann. Natürlich liegt es nahe, dass, als endlich literarischer Erfolg die Wunde der Demütigung zu schließen schien, er nach dem Misserfolg des neuen Stücks jenen Schmerz zu betäuben versuchte. Aber nur Grete weiß, dass er mit diesen Suchtstoffen nicht nur seiner Krankheit zum Tode entfliehen will. Er flieht vor mehr. Vor einer Straftat, für die das österreichische Strafgesetz Kerker bis zu einem Jahr vorsieht und die von Staat wie Kirche ebenso verteufelt wird wie Sodomie oder Homosexualität: »Inzest« heißt der offizielle Begriff, doch Georg redet lieber von »Blutschande«, weil er sich selbst geißelt mit der Macht dieses Wortes. Grete schweigt. Und teilt weiterhin alles mit ihm: die Visionen und die Ängste, die Liebe zu Chopin und zu Opium, die Begeisterung für Georges Gedichte und Veronal, die verschwörerische Sprache und die sexuelle Lust. Vor allem die grässlichen Schuldgefühle. Reden wird sie dennoch nie darüber. Auch nicht als der Bruder am 3. November 1915 in Krakau stirbt – die Sanitätskolonne, mit der er an die Front gezogen ist, steht gerade dort. Trakl stirbt an einer Überdosis Kokain. Dem Stabsarzt ist klar, dass es Selbstmord ist; dennoch wird er auf dem Rakoviczer Friedhof begraben. Und Grete, als Pianistin und Komponistin voller Begabung, aber ohne Erfolg, ist klar, dass ihr Leben nun auch zu Ende ist. Trotzdem zieht sie es noch ein Weile durch, wankt fast drei Jahre, drei qualvolle Jahre, von einem Drogenrausch zum nächsten. Bis zu einem der vielen Feste, auf denen sie in Berlin, geschieden und verarmt, die Misere zu vergessen sucht. Sie ist heiter, witzig, schlagfertig. Dann geht sie ins Nebenzimmer und erschießt sich. Es hätte alles so einfach sein können.

Paschinger Schlössl   Kapuzinerberg 5

Der Diener weiß Bescheid. Wenn sein Herr bis in die frühen Morgenstunden gearbeitet hat, dann möchte er am nächsten Morgen nicht geweckt werden. Erst recht nicht an einem verhangenen Februartag, an dem nicht einmal das Frühstück im Garten verlockt. Zurück aus London war der Schriftsteller nicht nur durch seine mühsame Reise erschöpft, sondern vor allem durch die Folgen eines Streiks, der kurz vor dem Ziel für lange, quälende Wartezeiten sorgte. Ein Streik, von dessen politischen Ursachen in Wien er nichts ahnte, hatte den Zugverkehr nach Salzburg völlig lahm gelegt. Obwohl er müde daheim ankam, war er sofort an seinen Schreibtisch geflüchtet – ein Mann, der eine Geliebte hat, meidet besinnliche Abende mit der Ehefrau, hatte die Korrespondenz durchgearbeitet, die sich in seiner Abwesenheit angehäuft hatte, und die Fahnenkorrekturen an seinem letzten Manuskript, dem »Erasmus«, vorgenommen. Der Star-Autor Stefan Zweig kennt den Stress, auch wenn seine Noch-Gattin Friderike, selbst eine anerkannte Schriftstellerin, auf alles – auf Karriere, Ruhe und auf die Verwirklichung der eigenen Träume – verzichtet, um seine Existenz zu organisieren. Mehr noch: zu verschönen, so weich und warm wie ein Federbett zu machen. Sein »Lamm« hat sie sich selbst genannt, auch wenn sie immer kritisch bleibt ihm gegenüber und sich niemals herabwürdigen lässt zu einem Bestätigungsautomaten. Doch anscheinend ist er an Kritik von weiblicher Seite weniger interessiert als an Anhimmelung, denn seit einiger Zeit hält er sich als Geliebte seine Sekretärin Lotte Altmann, die einfach alles, was von ihm kommt, göttlich findet. Gut, sie ist 27 Jahre jünger und nicht wie dessen fast gleichaltrige Frau selbst künstlerisch tätig. Von dem, was dieses mühsam restaurierte Schlösschen für Zweig und seine Frau bedeutet, weiß sie nichts. Woher auch – nie hat er ihr davon ein Wort erzählt. Seit Stefan und Friderike Zweig, diese dunkle Schönheit, frisch verliebt das so genannte Paschinger Schlösschen am Kapuzinerberg bewohnen – eigentlich ein Jagdhaus der Erzbischöfe aus dem 17. Jahrhundert –, also seit fünfzehn Jahren schon, war es allein Friderike, die das ebenso romantische wie desolate Haus in Schuss hielt. Sie hat, während der Erfolgsautor Zweig auf Reisen war, Dächer reparieren, Lecks stopfen, elektrische Leitungen verlegen, eine Heizung einbauen und Gas installieren lassen. Jahrelang hat sie ihm zuliebe auf einer Baustelle gehaust und sich als Bauleiter betätigt. Friderike war es, die hier für alles gesorgt hat, was den vielen, größtenteils weltberühmten Gästen ihre Tage in Salzburg vergoldet hat, auch wenn der Schnürlregen sie grau machte. Mit Alix und Suse, den Töchtern aus der ersten Ehe mit einem Beamten namens von Winteritz, hat sie stillschweigend den Service übernommen und die Zimmer ihres Mannes für den von Zweig angebeteten Romain Rolland umgebaut. Draußen hat sie Unkraut gejätet, Rosen gezogen, Wege geharkt, Tische gedeckt. Hat mal Elias Canetti bewirtet, mal Thomas Mann, hat Schnitzler bekocht und James Joyce mit Whisky versorgt, hat Franz Werfel verwöhnt und die Musiker, die ihren Mann als Librettisten umbuhlt haben wie der charmante Richard Strauss, ihn wie Bela Bartok verehrten oder einfach nur sympathisch fanden, wie Bruno Walter. »Die Gastfreundschaft, die einem in diesem Haus angeboten wird«, schwärmte Charles Baudouin, »ist ausgiebig, doch von einer leichten Hand, sie umhüllt, ohne in Verlegenheit zu bringen«. Friderike hat auch das Personal dahin erzogen, dass das erste Gebot im Haus heißt: Stefan Zweig muss verschont werden von allem, was ihn stören könnte. Der Diener weiß also, dass er an diesem Morgen des 18. Februar 1934 ein Sakrileg begeht. Aber er muss es tun – er muss den Hausherrn wecken. Schnell zieht sich Zweig

Der Weg des Schriftstellers
Diesen Blick nahm Stefan Zweig (1881–1942, auf einer Fotografie um 1928) zweimal täglich in sich auf, wenn er die Stiege hinab- und wieder hinaufstieg, die heute seinen Namen trägt und die von seinem ehemaligen Wohnhaus über die Steingasse in die Stadt führt.

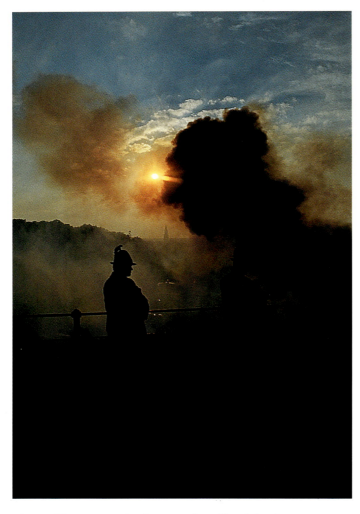

*Das Schauspiel vor Stefan Zweigs Haus
Zur Eröffnung der Festspiele schießen hier die so genannten Prangerschützen unter größtmöglicher Rauchentwicklung in die Luft, um böse Geister zu vertreiben – ein alter Brauch. Den Geist der Nazis, der Zweig in die Flucht schlug, vermochten sie nicht zu vertreiben.*

einen Hausmantel über und stellt sich den unangemeldeten Gästen. Sie tragen Uniform. Und benehmen sich sehr wohlerzogen. Sie bedauern es, den berühmten preisgekrönten Dichter behelligen zu müssen, aber ihr Befehl heißt: Hausdurchsuchung. Warum? »Wegen geschmuggelter Waffen.« Waffen des so genannten Schutzbundes, mit dem weder er noch seine Frau etwas zu tun haben. Aber vielleicht der Fuchs? Ja, es stimmt. Zweig geht, ist er hier in der Stadt, mehrmals jede Woche abends die steile, oft glitschige Treppe hinunter in die Innenstadt, geht hinüber ans Salzachufer, kehrt ein im Café Bazar, bestellt sich Rotwein, raucht Virginia-Zigarren und spielt Schach. Oft auch in einem Café in der Getreidegasse, wo sein Partner Emil Fuchs auf ihn wartet, wegen seiner Schläue auch Schach-Fuchs genannt, der nebenbei sein Korrekturleser ist. Nur selten hat Friderike sich beschwert bei Freunden über die vielen Abende allein, über die »Erniedrigungen«, die Stefan ihr antut, und über das »wiederholte Ineineckstellen wie einen entlassenen Diener«. Er hingegen schreibt verletzend ehrlich: »Fritzi ist sehr eifersüchtig, obwohl meine Fehltritte noch an einer Hand abzuzählen sind.« Zweigs Beziehung zu ihr ist schon lange ebenso zwiespältig wie die zu seinem Haus am Kapuzinerberg und zu Salzburg überhaupt: Faszination mischt sich mit Ablehnung. »Es gibt keinen Juden, der jetzt nicht in Salzburg ist und seit Reinhardt da ist, sammelt sich das Volk wie schwarze Fliegen …« Aber dann schreibt er wieder ironisch zufrieden: »Wir sind eine Art Vorstadt von München geworden … so entgeht man der Gefahr, ein Kotzebuescher Kleinstädter zu werden.« Während der Festspielzeit jedoch, wo er, weil Hofmannsthal ihn nicht leiden kann, keinerlei Rolle spielt, fühlt er sich nur unwohl hier. Die Stadt verwandle sich dann in »eine Literaturbörse, eine dramatische Messe«, und das wecke in ihm eine »Menschenmüdigkeit ohne gleichen«. Immer schon hat er sich das Recht herausgenommen, zu fliehen wann er will, ohne Angabe von Gründen – die Stadt, das Haus, seine Frau. Und die Katzen, die seine Stieftöchter lieben, die er aber nicht ausstehen kann. Schön hat er die Zeit gefunden, in der ihn Gäste im Haus beflügelt haben, wenn Moissi unter den Bäumen vor dem Haus den »Jedermann« geübt hat. Mittlerweile hat Friderike den Mut gefunden, ihm zumindest in Briefen zu gestehen, dass sie sich allein im Haus hier unwohl fühle. »Das Haus ist mir nicht genug Heim; ich habe zu wenig zu sagen (gekauft hatte es ja Stefan Zweig), ich habe kein Besitzrecht, es ist mir zu groß, ein zu weiter Mantel über einer manchmal frierenden Seele.« Anfang der dreißiger Jahre gefällt es Zweig noch, von Salzburg und dem hoch gelegenen Haus aus wie von einer Loge das Weltgeschehen zu beobachten, und er erkennt bereits den Zynismus der Tatsache, dass er vom Paschinger Schlössl aus auf Hitlers Obersalzberg blickt. Aber schon vor über zwei Jahren hat er einem Freund geschrieben: »Ich binde mich an keine Partei, an keine Gruppe …« und dann, mit Bleistift, »gehe von Salzburg fort«. Dieser morgendliche Einbruch in sein Privatleben bestärkt im Grunde nur sein Unwohlsein hier. Und seine Empfindung einer allgemeinen »Böswilligkeit in der Welt, die unerträglich ist«. Hinzu kommt, dass manche Freunde sich verändert haben. Eben dieser Emil Fuchs, sein Schachpartner aus dem Kaffeehaus. Seit er Funktionär bei der Sozialistischen Partei Österreichs geworden ist, hält er nur noch wütende Tiraden gegen den Verrat an der

Demokratie. Und verstärkt damit die Zweifel seines berühmten Freunds an den Menschen und an der Menschlichkeit. Ist es der Verdacht gegen Fuchs, der ihm die ungebetenen Besucher beschert? Oder ein gewisses Misstrauen gegen ihn als Juden, der ohne jeden Grund verweigert hat, die fälligen Kommunalsteuern zu zahlen, was ihm einen Prozess eingebracht hat? Blass und nervös gewährt Zweig den Polizisten Zugang. Doch sie finden nichts als einen alten Armeerevolver, den er 1915 offiziell bekommen – aber niemals benutzt hat. Er kann die Waffe nicht einmal bedienen. Schnell räumen die Beamten das Feld, aber für Zweig ist es der Anlass, auf den er unbewusst gewartet hat: Hastig packt er das Notwendigste zusammen. Und verlässt Salzburg für immer. Ziemlich genau acht Jahre später, am 22. Februar 1942, schluckt er in Petrópolis, im brasilianischen Exil, nachmittags zwischen zwei und vier zusammen mit Lotte eine Überdosis Veronal und legt sich mit ihr zum Sterben aufs Bett. Am Morgen des 23. findet das Personal die beiden umarmt und tot. Friderike bleibt mit ihren Töchtern noch in Österreich – Susanne arbeitet als Fotografin, Alix in einem Reisebüro. Schließlich verkauft sie das Paschinger Schlösschen für weniger als die Hälfte seines Werts. »Dr. Zweig, obwohl politisch nie tätig gewesen, fühlte sich seit den Februartagen des Jahres 1934 in Salzburg nicht mehr wohl«, kommentiert eine örtliche Zeitung den Verkauf. Friderike zieht mit den beiden Töchtern in ein kleineres Haus im Nonntal. Alle Hinterlassenschaften vom Kapuzinerberg, die nun keinen Platz mehr finden – Möbel, Zweigs Bibliothek, seine handschriftlichen Skizzen und Entwürfe und all seine Briefe an Friderike, geschrieben mit lila Tinte in dieser weichen, runden Schrift –, werden eingelagert. Sie flieht spät, erst 1938, über Frankreich in die USA.

Der Austragungsort einer schwierigen Ehe
Das Paschinger Schlössl, ein ehemaliges Jagdhaus der Fürsterzbischöfe aus dem 17. Jahrhundert. 1919 zog Stefan Zweig mit Friderike Winteritz hier ein, 1934 ohne sie aus. Das Haus ist nur zu Fuß zu erreichen und nur von außen zu besichtigen.

Landestheater Schwarzstrasse 22

Viele Salzburger mit einem guten Gedächtnis sind empört, manche schäumen vor Wut. Da bekommt einer, der sich seit Jahren als Nestbeschmutzer Salzburgs betätigt, in eben diesem Nest den großen Auftritt zugestanden. Siebzehn Jahre ist es her, dass der schlaksige Kerl sich mit dem Landestheater angelegt hat. Öffentlich hat er es als einen Schauplatz des Dilettantismus angeprangert, in dem statt anerkannter großer Bühnendichtungen verblödende Schnulzen aufgeführt würden und Theater nur aus ausgeleiertem Amüsement bestünde. »Eine Operette jagt die andere, eine Geschmacklosigkeit übertrifft die andere«, hatte er 1955 geschrieben. Der Ärger war damals eskaliert in einem Ehrbeleidigungsprozess, den Theaterdirektor Peter Stanchina gegen den Dichter anstrengte, der sich über fünf Jahre hinschleppte und in einem matten Vergleich endete. Und jetzt soll ausgerechnet ein Stück von diesem Stänkerer zu den Salzburger Festspielen herauskommen, in eben jenem Landestheater. »Der Ignorant und der Wahnsinnige« heißt es, inszenieren wird es Claus Peymann. Die Besetzung mit Bruno Ganz als Doktor, Ulrich Wildgruber als Vater, Angela Schmid als Königin der Nacht und Otto Sander als Kellner Winter ist erstklassig. Gut, das müssen auch die Entrüsteten zugeben. Dieser Thomas Bernhard ist seit seinem Durchbruch mit dem Roman »Frost« ein international bekannter Literat und 1970 sogar mit dem angesehensten Preis für Literatur in Deutschland, dem Büchner-Preis, ausgezeichnet worden. Mittlerweile ist er außerdem 41 Jahre, sitzt in Anzug und Krawatte im »Café Bazar« und angeblich tritt ja mit vierzig eine gewisse Weisheit ein. Dass seine Geliebte, die er »Lebensmensch« nennt, fast 37 Jahre älter ist, gibt den Bernhard-Gegnern zwar Anlass zu Gerüchten, doch diese Hedwig Stavianicek aus Wien ist eine so feine, gebildete Dame, dass Klebrigkeiten an ihr abgleiten. Trotzdem: Den Konservativen schwant ein Skandal. Sie sollen Recht be‑

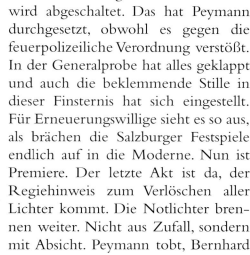

halten. Am 29. Juli 1972 ist es so weit. Claus Peymann hat das Stück so radikal umgesetzt, wie es dem Autor entspricht: Am Ende herrscht vollkommene Finsternis. Sogar die Notbeleuchtung im Zuschauerraum wird abgeschaltet. Das hat Peymann durchgesetzt, obwohl es gegen die feuerpolizeiliche Verordnung verstößt. In der Generalprobe hat alles geklappt und auch die beklemmende Stille in dieser Finsternis hat sich eingestellt. Für Erneuerungswillige sieht es so aus, als brächen die Salzburger Festspiele endlich auf in die Moderne. Nun ist Premiere. Der letzte Akt ist da, der Regiehinweis zum Verlöschen aller Lichter kommt. Die Notlichter brennen weiter. Nicht aus Zufall, sondern mit Absicht. Peymann tobt, Bernhard tobt aus Solidarität mit. »EINE GESELLSCHAFT DIE ZWEI MINUTEN FINSTERNIS NICHT VERTRÄGT KOMMT OHNE MEIN SCHAUSPIEL AUS STOP«, telegrafiert er am 2. August, zwei Tage vor der geplanten nächsten Aufführung, an den Präsidenten der Festspiele. »MEIN VERTRAUEN IN REGISSEUR UND DARSTELLER IST HUNDERTPROZENTIG STOP DIE FÄLLEN DIE SELBSTVERSTÄNDLICH KOMPROMISSLOSE ENTSCHEIDUNG FÜR KÜNFTIGE AUFFÜHRUNGEN.« Doch die Uraufführung bleibt die einzige. Peymann verliert die Fassung und verkündet seine sofortige Abreise. Gehen könne er, wird ihm beschieden, aber die Gage bliebe da – er sei bis Ende des Monats verpflichtet. Schön für das Landestheater und dessen zahlreiche Gefolgschaftstreuen. Engagierte Leserbriefschreiber sorgen für die verbale Hinrichtung des Autors und natürlich auch des Regisseurs, »dessen Wortschatz sich scheinbar auf Wörter mit einem Sch am Anfang beschränkt«. Laut dröhnt der Schlachtruf der Aufrechten. »Dafür keine Steuergelder!« Ihre Einhelligkeit wird allerdings gestört durch Kritiker, die unumwunden bedauern, dass eine großartige Auffüh‑

Zynisch
Die Gips-Plastiken vom Fließband am Landestheater kamen und kommen gut an. Die Stücke von Thomas Bernhard (1931–1989), der die Salzburger sein Leben lang provozierte, schafften das lange nicht. Erst postum wurden sie zu modernen Klassikern erklärt.

VORSTELLUNGSENDE

rung dummer Bürokratie zum Opfer gefallen sei. »Es war der erregendste Sommer seit langem«, schreibt die weltweit renommierte Hilde Spiel in der »Frankfurter Allgemeinen Zeitung«. »Er wäre der brillanteste gewesen, hätte man in jenen zwei Minuten das Licht gelöscht.« Aber der Skandal um Thomas Bernhard ist damit nicht zu Ende. Wo er doch als Bub so nette Gedichte über Salzburg verfasst hat. »Du schönste Stadt am Salzachfluss, Ich schloss dich in mein Herz, trotz täglich starkem Regenguss, und kindlich hartem Schmerz.« Siebzehn war er, als er so schwärmte. Und dann feierlich endete: »Und sollt' ich einmal nimmer sein, So holt mich aus der Ferne, Und grabt mich in der Salzstadt ein, Dort unterm Abendsterne.« Schon in »Frost« ist er hergezogen über die schönste Stadt am Salzachfluss. Und drei Jahre nach dem so genannten Notlichtskandal erscheint seine erste autobiographische Erzählung, »Die Ursache«. Ursache nämlich für alles Leid und Unglück seiner Existenz. »Ich und die Stadt sind eine lebenslängliche, untrennbare, wenn auch fürchterliche

Theatralisch
Hoftheater, Nationaltheater, Stadttheater, Landestheater – was an dieser Stelle stand, wechselte immer wieder den Namen. Für die Bürger zugänglich wurde das Hoftheater 1775. Ende des 19. Jahrhunderts wurde der alte Bau abgerissen und durch den jetzigen im Stil der Gründerzeit ersetzt. Als es vom Stadt- zum Landestheater umgebaut wurde, brachte man einen Spruch an: »Ein Haus, der Kunst ist's geweiht. Nun künd' es die neue, die glückliche Zeit! Heil dem Führer!« Die »glückliche Zeit« begann einen Monat später mit dem Zweiten Weltkrieg.

98

Beziehung«, bekennt Bernhard. Er seziert Salzburgs Bewohner und seine geheiligten Institutionen. Das Internat in der Schrannengasse, damals Knaben-Asyl Johanneum, in dem er ab 1943 untergebracht war, stellt er als eine von katholischen Nazis dirigierte Strafanstalt bloß, die ihre Insassen quälte und ihn an den Rand des Selbstmords trieb. »Meine Heimatstadt ist in Wirklichkeit eine Todeskrankheit«, schreibt er, eine Stadt mit einem »undurchdringlichen Menschengestrüpp aus Gemeinheit und Niedertracht«. Und dann stellt er sich in einem Interview auch noch in eine Reihe mit Trakl – das hätte man ja noch akzeptiert – und mit dem geheiligten Mozart. Die hätte dieselbe Hassliebe wie ihn mit diesem Ort verbunden. Das festigt Bernhards Ruf, ein Spaltpilz zu sein. Und so etwas mögen viele hier nicht. »Jetzt hat er sich erledigt. Jetzt ist er weg – ein für allemal«, atmen manche auf. Etwas vorschnell, wie sich zeigen wird. 1985 bekommt Bernhard bei den Salzburger Festspielen wahrhaftig die Chance, den Notlichtskandal noch einmal aufzuwärmen. »Der Theatermacher« heißt relativ harmlos sein neues Stück. Dass wieder Claus Peymann Regie führt, lässt einige erneut jene Aufregung voraussehen, die sie angeblich verabscheuen und in Wirklichkeit suchen. Peymann bewährt sich. Was ihm umso leichter fällt, als sich der Sinn für Ironie beim Publikum nicht analog zu der inneren Modernisierung der Festspiele entwickelt hat. Peymann verheißt, einen stinkenden, von 700 bis 800 Fliegen umschwirrten Misthaufen mitten auf die ehrwürdige Bühne des Landestheaters zu setzen. Der Gestank dieses Misthaufens, der in Bernhards Stück vorkommt, werde die vornehmen Festspielgäste umnebeln. »Bei Einsatz von 700 Fliegen«, errechnen die Salzburger Nachrichten, »käme auf jeden zahlenden Festspielbesucher eine Fliege.« Die Leute auf den Dienstsitzen gingen leer aus. Korrekt wird der Landessantitätsdirektor Postuvanschitz zitiert, der erst die Gesundheitsbehörde zur Wahl der Fliegen und deren anfallenden Mist befragen möchte, und ein Amtsarzt, der in Radio Salzburg wissen lässt, die Fliegen dürften nur freigelassen werden, wenn sie nach der Vorstellung jeweils wieder eingefangen würden. In einer Pressekonferenz vom 18. Juli 1985 gibt Peymann folgende Erklärung ab: »Der Salzburger Fliegenkrieg konnte beigelegt werden, 1. weil es gelungen ist, für die Fliegen eine eigene Schutzimpfung zu entwickeln, durch die jede Fliege einzeln immunisiert wird, womit jede Ansteckungsgefahr ausgeschlossen ist, 2. durch intensives Training konnten die Fliegen derart dressiert werden, dass sie auf Kommando sofort zurück in den Käfig oder in die Direktion fliegen.« Auf der Bühne werden dann nur harmlose Plastikfliegen gesichtet. Der Ärger bleibt trotzdem nicht aus. Denn Bernhard kann es nicht lassen. »Wie gesagt«, offenbart in diesem Stück ein gewisser Bruscon, »in meiner Komödie hat es am Ende vollkommen finster zu sein. Auch das Notlicht muss gelöscht sein.« Und er erklärt sicherheitshalber auch warum. »Ist es am Ende meiner Komödie nicht absolut finster, ist mein Rad der Geschichte vernichtet.« Wie ein Leitmotiv ziehen sich das Notlicht und die Finsternis durch das ganze Stück. Bernhard ist und bleibt einer, der bohrt. Und der noch ein Jahr vor seinem Tod in der schlimmsten Wunde bohren wird: Mit seinem Stück »Heldenplatz«, das im Burgtheater 50 Jahre nach dem Anschluss Österreichs an Nazi-Deutschland uraufgeführt wird, tritt er eine öffentliche Diskussion los, gegen die die Skandale im Landestheater geradezu glimpflich verlaufen sind. Als er aber 1989 nach schwerer Krankheit stirbt, bedauern viele, dass er sein jugendliches Versprechen vergessen hat und nicht in der Salzstadt, dort unterm Abendstern begraben wird, sondern auf dem Grinzinger Friedhof in Wien, neben seinem »Lebensmenschen«.

Ironisch
Thomas Bernhard, der hier wegen Ausschaltung von Notlampen für so viel Aufruhr gesorgt hatte, wurde dann – Ironie des Schicksals – eben da verewigt; eine Gedenktafel am Landestheater führt stolz die fünf Stücke von ihm auf, die hier ihre Uraufführung erlebten. Auch die Schmeißfliege beweist Sinn für Ironie und landet fotogen auf den Bühnenstoffen.

SCHAUPLATZ
des Skandals

»Ich bin so viel, dass ihr nicht könnt meine Schnallen am Schuh lösen.«

Paracelsus

Schauplatz des Skandals

Oft sind Skandale wirklich nur das, als was Oscar Wilde sie einstufte: »Klatsch, der durch Moral langweilig gemacht wurde.« Salzburg aber beweist durch Jahrhunderte eindrucksvoll die Vielfalt dessen, was das griechische *skàndalon* eigentlich bedeuten kann: Fallstrick, aber auch Verführung oder Ärgernis. Der Erzbischof LEONHARD VON KEUTSCHACH inszenierte ein *skàndalon* im Sinn des Fallstricks auf der Hohensalzburg, Adolf Hitler in Schloss Kleßheim. Skandalös im Sinn des Ärgernisses ist wie in jeder Stadt natürlich auch in Salzburg der Auftritt unangepasster Menschen, zum Beispiel der einer gewissen MARIA VON TROLL. Sie kommt aus einer guten Familie, die in Österreich in den Ritterstand erhoben worden war. Der Vater dieser Maria, ein eleganter Mann, der Jura studiert hatte, war höherer Zollbeamter, die gebildete Mutter Tochter eines Grazer Landrats, sie wohnen im herrschaftlichen Baumeister-Rauscher-Haus in der Getreidegasse 4. Zugegeben, der Vater, der mehr an Affären als an seriösem Image interessiert war, hatte Frau und Kinder sitzen lassen. Die Kinder sind trotzdem mit sehr viel Sorgfalt großgezogen worden. Doch die Jüngste, 1847 geboren, wird zum *skàndalon:* Sie bricht die Schule im Kloster Nonnberg ab, lernt autodidaktisch Dinge, die eine höhere Tochter nicht zu lernen hat – Philosophie zum Beispiel und Kompositionslehre, treibt in aller Öffentlichkeit Sport, schneidet sich die Haare kurz wie ein Knabe, zieht sich so bequem wie möglich an und lässt jeden wissen, häusliche Beschäftigungen seien ihr ebenso zuwider wie die erstickende Enge dieser Stadt. Sie geht nach Wien, schlägt sich alleine durch, heiratet einen radikal fortschrittlichen Ungarn namens Sandor Borostyáni. Und wird als Irma (weil eine antikirchliche Frau nun mal nicht Maria heißen kann) von Troll-Borostyáni eine der mutigsten Frauenrechtlerinnen ihrer Zeit. Mit scharfen Worten schreibt sie an gegen Scheinmoral, gegen autoritäre Männer und gegen den Einfluss der Kirche und kämpft für die Ehescheidung – ihre eigene Ehe existiert nur noch auf dem Papier. Die Skandalfrau verliert ihr einziges Kind, kehrt zurück in die Salzburger Enge, weil es der Mutter schlecht geht.

Aber auch Tochterliebe kann den Skandal nicht mildern, dass sie in offenen Männersakkos, Hemd und Krawatte herumläuft, Zigarren raucht und Tarock spielt. Und Novellen schreibt über Frauen, die unverschuldet scheitern, notgedrungen stehlen, im Gefängnis landen und danach im Bordell. Das Skandalöseste: Freifrau von Troll-Borostyáni ergreift auch deren Partei. So eine Frau stirbt einsam und unverstanden in der Stadt, der sie entkommen wollte. Sie war ein Ärgernis. *Skàndalon* im Sinn der Verführung war etwas, was in den späten fünfziger und den frühen sechziger Jahren in Salzburg geschah. Zumindest in den Augen eines Mannes, der trotz seiner anpasserischen Haltung im Dritten Reich zu dieser Zeit unumstritten als einer der bedeutendsten Geisteswissenschaftler Europas gilt. Sein Buch über den »Verlust der Mitte« ist ein Bestseller und die Salzburger Universität ist stolz, ihn als Honorarprofessor gewonnen zu haben: den gebürtigen Wiener HANS SEDLMAYR. Da ist er zwar schon siebzig, aber gibt sich keineswegs damit zufrieden, in aller Stille das Kunsthistorische Institut hier aufzubauen. Er zieht lauthals zu Feld gegen den Skandal in seiner Wahlheimat: »Die demolierte Schönheit. Ein Aufruf zur Rettung der Altstadt Salzburgs« heißt seine Streitschrift, die der Salzburger Verlag Otto Müller 1965 herausbringt. Eine Kampfansage an alle, die sich von Gewinnsucht und falsch verstandenem Modernisierungsgeist haben verführen lassen und Haus um Haus abreißen, um Neubauten dafür hinzuklotzen, die vermeintlich effizienter, praktischer, einträglicher sind. Sedlmayr rechnet hoch: Wenn die Zerstörung in dem

*Der Skandal, eine denkende Frau zu sein
Irma von Troll (1847–1912) provozierte die Salzburger, weil sie tat, was ihr gefiel, sagte, was sie dachte, und schrieb, was sie bedrängte. Ihr Geburtshaus in der Getreidegasse 4 wird meist nicht ihretwegen besucht, sondern wegen der Apotheke »Zum Goldenen Biber«.*

105

bisherigen Tempo weitergehe, sei um die Jahrtausendwende nichts mehr da von jenem Salzburg, das von Wilhelm von Humboldt bis Hugo von Hofmannsthal die Menschen begeisterte. Sedlmayr appelliert keineswegs an die Pietät der Verantwortlichen. »Der wahre Grund, dass dieses Stadtbild erhalten werden muss, ist ein anderer. Es ist seine unvergleichliche Schönheit. An dieser Schönheit hat auch noch das bescheidenste Haus Anteil und deshalb ist es ebenso liebevoll zu beschützen wie die großen Meisterwerke der Kunst, die heute kaum mehr einer anzutasten wagt.« Ohne Sedlmayr wäre dieser Skandal vielleicht geschehen, diese zweite Zerstörung, die nach dem Desaster des Krieges so viele Städte für immer entstellte. Ohne ihn sähe Salzburg heute ähnlich aus wie Magdeburg: Um den grandiosen Dom ragten Plattenbauten, Betonklötze und Garagen auf, und die Getreidegasse wäre eine Fußgängerzone, so steril wie in Hannover oder Kassel – eine Bannmeile des sich selbst entblößenden Kapitalismus. Skandale in jedem Sinn – dem des Fallstricks, des Ärgernisses und der Verführung – fanden und finden sich selbstverständlich auf den Bühnen der Festspielstadt. Doch manches, was anfangs dem Publikum als skandalös erscheint, hat sich im Nachhinein als epochemachend erwiesen. Wie zum Beispiel die »Lucio-Silla«-Inszenierung Peter Mussbachs in einem Bühnenbild des amerikanischen Künstlers Robert Longo, mit der Gérard Mortier seine Ära startete. Was damals als Schändung der Mozartoper ein Buhkonzert wachrief, gilt heute als ein Klassiker. Dass Skandale den Bekanntheitsgrad von Kunst steigern, ist keine brandneue Einsicht. Die Frage ist nur, ob sie absichtlich zu diesem Zweck inszeniert und provoziert werden oder nur ein Nebeneffekt dessen sind, dass Menschen ihre Absichten, künstlerische oder ideelle, mit absoluter Unbedingtheit durchsetzen wollen. Denn allein diese Skandale bewegen in der Kunst wirklich etwas. Die anderen sind nur Theaterdonner.

Der Skandal, eine Schönheit retten zu wollen
Der Kunsthistoriker Hans Sedlmayr riskierte es 1965, sich zur Tradition zu bekennen, als Fortschrittsverblendete sie zerstören wollten. Ohne seine Streitschrift »Die demolierte Schönheit. Ein Aufruf zur Rettung der Altstadt Salzburgs« würde sich unterhalb der Feste Hohensalzburg (1077 begonnen, im 12./13. Jahrhundert als Festung angelegt, 1481/1515 ausgebaut) heute anonyme Trostlosigkeit ausbreiten.

Goldene Stube Feste Hohensalzburg

Am 22. Januar 1511 brauchen einige Männer in Salzburg deutlich länger zum Ankleiden als üblich: Sie legen ihre Festroben an und ihre Ehrenketten und setzen sich die festtäglichen Hüte auf. Denn sie sind eingeladen an die Tafel des Fürsterzbischofs oben, auf der Hohensalzburg, die durch ihn zu einer Attraktion geworden ist: Leonhard von Keutschach, seit 1495 im Amt, hat die Burg von Grund auf neu befestigen und mit einem tiefen Graben umgeben lassen, der in den Fels hinein gehauen werden musste. Er hat außerdem neue Torbauten an die Auffahrt gesetzt und die viereckigen Türme im Westen der Ringmauer hochziehen lassen. Doch es hat sich herumgesprochen, dass er auch im Inneren kräftig investiert hat und außer zwei reich ausgestalteten Kapellen auch die Fürstenzimmer mit schwindelerregendem Kostenaufwand seinen hohen Ansprüchen angepasst hat. Der Bürgermeister und die Ratsherren, die an diesem Januartag in ihren besten Kleidern durch die Kälte den Berg hinaufsteigen, sind neugierig. Sie werden etwas zu erzählen haben. Der Empfang ist jedoch befremdlich. Die Tische sind schön gedeckt, doch neben keinem Teller liegt Besteck. Die Salzburger Ratsleute setzen sich und warten auf die Köstlichkeiten aus der reichen fürsterzbischöflichen Küche. Eigentümlich, dass so gar keine Küchendüfte durch die Räume wehen. Da hören sie Lärm. Tore werden zugeschlagen und scheppernd verriegelt. Der Fürsterzbischof tritt ein, umzingelt von seinen schwer bewaffneten Trabanten. Sein Blick ist furchterregend. Und dann brüllt er los, wütet über die Anmaßung der Ratsherren, schmäht sie wegen ihrer Dreistigkeit, auf den zugesicherten Rechten und Privilegien zu bestehen, die nur ihm, dem kirchlichen und politischen Machthaber, zustünden. Einer der Stadträte tritt gerade, als Leonhard von Keutschach anfängt, die Kollegen in der Goldenen Stube niederzuschreien, atemlos in den Hof. Schmeckewitz heißt der Mann, der sich verspätet hat. Und als er das Gebrüll hört, schwant ihm Ungutes. Fluchtartig verlässt er die Burg und rennt hinunter in die Stadt. Der Schmeckewitz habe, amüsiert sich der Fürsterzbischof, offenbar den Braten geschmeckt.

Die anderen allerdings können das Amüsement nicht teilen, denn Keutschach lässt jeweils zwei Stadträte Rücken an Rücken fesseln und dann wie Pakete auf einen Schlitten werfen. In ihren leichten Festkleidern fährt er sie durch die klirrende Kälte. Und die Ehrengäste wissen, wohin die Fahrt führt: Über Werfen soll es nach Radstadt und dann weiter nach Mauterndorf gehen. Was ihnen dort bevorsteht, wissen sie ebenfalls: Der Scharfrichter fährt warm angezogen mit. In Mauterndorf soll er die ganze Mannschaft köpfen. Doch in der Zwischenzeit redet in Salzburg ein besonnener Berater auf den Fürsterzbischof ein. Macht ihm wahrscheinlich klar, was die Folge dieser Massenhinrichtung wäre. Und erreicht, dass die Enthauptung nicht durchgeführt wird und die Delinquenten wieder zurück in die Stadt verbracht werden. Einige sterben freilich an den Folgen der Unterkühlung. Und alle Salzburger bekommen zu spüren, dass der Mann Gottes seine Wut nicht hatte kühlen können: Die wenigen Freiheiten und Vorrechte der Salzburger Bürger werden drastisch beschnitten. Und werden es auf lange Zeit bleiben.

Gotteshaus eines Gottlosen
Die Festungskirche St. Georg, Hauskirche des Fürsterzbischofs von Gottes Gnaden, erbaut 1501/02 im spätgotischen Stil. Doch Leonhard von Keutschach (um 1442–1519) war seine weltliche Macht wichtiger als die himmlische und seine Prunksucht mehr wert als Menschenleben.

Wohnhaus eines Gnadenlosen
Ein Schauder überfällt die Besucher der Feste Hohensalzburg, wenn sie von oben auf das so genannte Henkerhäuschen schauen, abgesondert vom Leben. Doch früher wohnte dort der Krautwächter, der auf den Krautacker der Benediktiner aufpasste.
(nächste Doppelseite)

CONDITVR HIC PHILIPPVS
THEOPHRASTVS INSIGNIS
MEDICINE DOCTOR· QVI
DIRA ILLA VVLNERA LEPRAM
PODAGRAM HYDROPOSIM
ALIAQ INSANABILIA COR
PORIS CONTAGIA MIRIFICA
ARTE SVSTVLIT · AC BONA
SVA IN PAVPERES DISTRI
BVENDA COLLOCANDAQ
HONERAVIT ANNO M D
XXXXI DIE XXIIII SEPTE

St. Sebastian

Linzer Gasse 41

Mehr denn je ist er ein Star. Er wird bewundert, verklärt, verkitscht, interpretiert und analysiert. Vor allem wird er nun gefeiert als Erfinder der Ganzheitsmedizin: »Wenn ein Mensch krank ist, so ist es nicht ein Teil von ihm, sondern der ganze Mensch ist krank«, hat er gesagt. Die Vorbereitungen zur 500-Jahr-Feier seines Geburtstags sind voll im Gang. Die Salzburger Paracelsus-Gesellschaft lädt ein, die Stadtväter planen Festlichkeiten und Kranzniederlegungen, das Grab in St. Sebastian wird aufpoliert. Und in aller Heimlichkeit auch geöffnet. Dabei hätten die Überreste des zum Mythos verklärten Arztes wahrhaftig endlich ihre Ruhe verdient. 1541 war sein Sarg in die Erde versenkt worden, aber als 1748 der Abbruch der Sebastianskirche beschlossen worden war, musste der berühmte Tote ausgegraben und in der Philipp-Neri-Kapelle wieder begraben werden. Es kursierten schon lange Gerüchte, wie Paracelsus zu Tode gekommen sei. Kein Zufall: der Mann hatte sein kurzes Leben über hart daran gearbeitet, sich erbitterte Feinde zu schaffen, in der Kirche und in der Politik genauso wie im Kollegenkreis. Dabei wäre es ein Leichtes gewesen, Paracelsus selbst des Betrugs und der Prahlerei, der Lüge und der Hochstapelei zu überführen. »Paracelsus« ist ein Pseudonym, das er sich erst mit Mitte dreißig zugelegt hat. Nicht einmal seine pompösen Vornamen Aureolus Theophrastus Bombastus trug der Herr von Hohenheim zu Recht. Seinen eigentlichen Vornamen Philippus führte er nie. Schlimmer aber: Paracelsus maßte sich Titel an, die ihm in keiner Weise zustanden. Er nannte sich »Doktor der Theologie« und »Doktor beider Arzneien«, also der Inneren Medizin und der Chirurgie. Aber als er auf seinen zahlreichen Wanderungen nach Basel geraten war und dort Vorlesungen halten sollte, wurde nicht nur bemerkt, dass Paracelsus keinen blassen Dunst von medizinischer Terminologie hatte. Er konnte zudem keinerlei Nachweis dafür vorlegen, dass er an der Universität von Ferrara einen Studienabschluss geschafft hätte, geschweige denn eine Promotion. Und obwohl er von den Baslern als »Luther der Medizin« gerühmt worden war, hatte er die Stadt unter beschämenden Umständen, geschmäht als Blender, als »unverschämter Autodidakt« verlassen müssen. Auch in Straßburg hatte Paracelsus sich blamiert, der großmäulig erklärte: »Ich bin die neue Medizin!« Als jedoch bei einer Leichenöffnung seine Ahnungslosigkeit in Anatomie offensichtlich wurde, jagten die Kollegen den »Quacksalber und Aufschneider« davon. Wo immer Paracelsus auftauchte, hatte er die Gastgeber mit Beleidigungen besudelt. Freiburg, schimpfte er, sei ein Freudenhaus, Köln ein Verdummungsplatz, Paris die Hochburg der Orthodoxie. Aber auch bei seinen Gastspielen in Granada und Cordoba, in Sevilla, Lissabon und Marseille, in Bologna, Florenz, Rom, Neapel und Salerno, auf Sizilien, in Pommern und Polen, Schweden und Brandenburg hatte Paracelsus sich regelmäßig mit Ärzteschaft und Klerus angelegt. Zweimal hat er versucht, Salzburg zu seiner Heimat zu machen und hier einen Posten als Stadtarzt zu ergattern. Sechzehn Jahre bevor er im Sommer 1540 krank und schwach zum zweiten und letzten Mal hier aufkreuzte, hatte er die Stadt fluchtartig verlassen müssen. Denn der hinrichtungsfreudige Erzbischof Lang hatte den Doktor Paracelsus der Kollaboration mit aufständischen Bauern bezichtigt. Auch wenn die Beweise bei der Einvernehmung nicht ausreichten, um Paracelsus festzusetzen: allein seine lasterhaften Bemerkungen zur Kirche, seine Hetzreden gegen das Beichten, Almosengeben, Fasten und »Sakrament nehmen« hätten genügt, um ihn als Ketzer auf dem Scheiterhaufen zu verbrennen. Nach Ansicht der Geistlichkeit war er zwar in manchem auf

Schwärmerisch
Die lateinische Inschrift auf dem Grabmal des Paracelsus (1493–1541) im Stiegenhaus von St. Sebastian versichert, er habe »die schrecklichsten Wunden, Lepra, Podagra, Wassersucht und andere unheilbar scheinende Krankheiten auf wunderbare Weise durch seine Kunst« geheilt. Gestorben ist er in der Kaigasse 8, dem früheren Gasthaus »Zum Weißen Ross«. »Der Schnee meines Elends ist zum End gegangen«, heißt es im Testament des Vaters der Ganzheitsmedizin.

der richtigen Seite – er war Judenhasser und betrachtete Hexen als das größte Übel der Menschheit. Dennoch war es ein Wunder, dass der stotternde, bucklige Kerl von nur eineinhalb Meter Körpergröße nicht längst von der Inquisition gegriffen worden war. In Salzburg war Paracelsus als Zechpreller gerichtlich erfasst und hoch verschuldet. So gesehen ganz schön kühn, hierher zurückzukehren. Zumal er mit seinen rüpelhaften Manieren, auf die er noch stolz war, keine Freunde gewann. Doch es machte ihm wenig aus, fast wie ein Einsiedler zu leben. Ein verwahrloster Eigenbrötler, ein wunderlicher, menschenscheuer Stänkerer, ein vorgealterter Mann ohne Mittel, der sich für einen einzigartigen Mediziner hält und alle anderen zu Trotteln erklärt – der lebt natürlich gefährlich. Dass Paracelsus nicht zu Hause gestorben ist, sondern im Gasthaus »Zum Weißen Ross« in der Kaigasse – nicht in der Stube, sondern auf seinem Reisebett, in einer schäbigen Kammer – ist verbürgt. Dass er drei Tage vor seinem Ende, körperlich geschwächt, aber geistig präsent auf dem Bett sitzend dem Notar Kalbsohr sein Testament diktiert hat, ist ebenfalls dokumentiert. Trotzdem schossen, kaum war Paracelsus unter der Erde, die wildesten Gerüchte hoch. Die Leiche des Wunderdoktors sei auf dessen Wunsch geviertelt und in Dung begraben worden und nach wenigen Monaten habe man ihn ausgegraben und festgestellt, dass alle Teile wieder zusammengewachsen waren. Manche behaupteten, er sitze in der Hocke im Grab – wahrscheinlich, um schneller wieder aufzuerstehen. Besonders freudig kolportierten die Einheimischen das Gerede, Feinde hätten Paracelsus vergiftet oder erschlagen – wie sonst stirbt ein Wunderarzt schon mit 48 Jahren? Die schon immer gegen Paracelsus waren und ihn als Trinker verunglimpften, behaupteten, er sei im Suff von einem der Salzburger Felsen gestürzt. Jahrhundertelang wurden die Gerüchte um die Todesursache des Paracelsus weiter verbreitet. Erst recht nach der Umbettung. Und 1818 hatte die Neugier auch auf Wissenschaftler übergegriffen, das Grab war geöffnet worden und was fand sich? Ein Loch im Schädel des Paracelsus. Prompt bekamen die Mordgerüchte neuen Auftrieb. 1912 waren die an Unruhe gewohnten Überreste in einer Kupferkassette erneut begraben. Frieden, wie er auf dem Grabmal verheißen wird, fand der Tote aber nicht. Im Zweiten Weltkrieg befiel die Salzburger Panik, die Alliierten könnten die Knochen rauben; sie buddelten die Kassette wieder aus. Doch die US-Armee strafte die Reliquie mit Ignoranz: Ein amerikanischer Soldat soll sie auf einen Abfallhaufen geworfen haben. Jedenfalls baute man die Kupferurne sechs Jahre nach Kriegsende wieder dort ein, wo sie hingehörte – ins Grab an der Sebastianskirche. Und nun im Jahr 1993, kurz vor der 500-Jahr-Feier, wird der Tote schon wieder gestört. Was jetzt über Paracelsus behauptet wird, ist ein Skandal, der alle vorherigen in den Schatten stellt, sollte sich das ganze als wahr erweisen: Er habe, dringt es durch, ein derart breites, gebärfreudiges Becken besessen, dass es sich womöglich um eine Frau gehandelt habe. Paracelsa. Paracelsus eine Frau? Die Tatsache, dass er immer allein gelebt hat, erscheint nun in einem völlig anderen Licht. Und eine männliche Statur hat er nachweislich nicht besessen. Nur: die beiden gesicherten Paracelsus-Porträts von Augustin Hirschvogel zeigen so gar keine feminine Erscheinung, sondern ein Wesen mit schwerem Kopf und großer Glatze. Doch wer an ein Gerücht glauben möchte, findet auch Rechtfertigungen dafür. Hat nicht der Psychologe C.G. Jung referiert, es gehe die Sage um, Paracelsus sei ein Eunuch gewesen? Auch die Tatsache, dass keine einzige Urkunde zur Geburt oder Taufe existiert, fügt sich ins Bild. Der Vater, eine lange Zeit erfolgloser Wundarzt mit abgebrochenem Studium, die Mutter früh gestorben, darauf angewiesen, sich selbst zu ernähren und vom Vater angehalten, sich für Heilkunst zu begeistern: Was hätte eine junge Frau da tun sollen? Zum Medizinstudium wäre sie niemals zugelassen worden, Reisen allein wären unmöglich gewesen und jede Art von Experimenten lebensgefährlich. So eine hätte man sofort als Hexe verbrannt. Einzigartig wäre die Idee nicht gewesen, sich als Frau die Haare scheren zu lassen, Männerkleider anzuziehen – Paracelsus wurde nur in schlampigen weiten kuttenartigen Gewändern und formlosen Reisemänteln gesehen – und ein Leben als Mann zu führen. Eine Paracelsa – das wäre einer Revolution gleichgekommen. Also wurde der Skandal gedeckt. Nur wenige Paracelsus-Forscher reden heute, zehn Jahre später, noch davon. Und Salzburg hat Paracelsus wieder als den, den die Stadt feiern möchte: den bedeutendsten Arzt seiner Epoche. Ein Genie ohne Schatten. Einen Aureolus.

Trügerisch der Frieden der Sebastianskirche
Im Grab dort fand Paracelsus so wenig Ruhe wie im Leben, wo er als Ketzer angeklagt, der Hexerei bezichtigt und als Hochstapler von Universitäten verjagt wurde. In keiner der Salzburger Wohnungen – weder in der Pfeifergasse 11, dem so genannten »Kumpfmühlhaus«, noch am Platzl 3 kam er zu sich.

Schloss Klessheim

Wals-Siezenheim

An so einen Ort kehrt jeder Gast liebend gern zurück. Ein Schloss voller Anmut in einem poetischen Park. Heiter, leicht, beschwingt – ein Gebäude, das jene Lust verspricht, die sich der Bauherr darin erwartet hat – gelebt hat er selbst dort nicht mehr. Doch die Zeiten des sinnenfreudigen Erzbischofs Johann Ernst Graf Thun sind lange vorbei. Thun ist ein absolutistischer Herrscher, aber ein verspielter Mensch gewesen. Hatte sich an der holländisch-ostindischen Compagnie beteiligt und den Profit aus diesem Gewinnspiel in das Salzburger Glockenspiel investiert. Thun war ein Genießer und Lebemann: Die Jagdhörner hörte er lieber als das Kirchengeläut und die Berufung des großen Fischer von Erlach war ihm wichtiger als die großer Würdenträger. Dass er zwar die Galeerenstrafe abschaffte, aber jeden, der wilderte, drakonisch bestrafte – zehn Jahre Festung und fünfzig Karbatschenhiebe an jedem Jahrestag der Tat standen auf einen widerrechtlich abgeschossenen Steinbock –, belegt, wie ernst es ihm um seine Vergnügungen war. Der Mann jedoch, der nun in Thuns Lustschloss sein Gästehaus eröffnet hat, kann mit eleganter Lebensfreude eigentlich wenig anfangen. Er liebt es monumental. Nur die imponierende Auffahrtsloggia ist für seine Zwecke sehr geeignet. Doch er hat Leute vor Ort, die das Schloss wunschgerecht umgebaut haben: Das Architekturbüro Reiter und Strohmeyer kennt die Bedürfnisse von Herrn Hitler. Sie arbeiten schon seit 1939 an Bebauungsplänen für die Stadtberge, vor allem für die des Kapuzinerbergs, der nun Imberg heißt und von einer Nazi-Akropolis bekrönt werden soll mit Versammlungshalle, Festspielhaus und Stadion. Und Kleßheim wird im NS-Stil renoviert, erweitert um einen Ehrenhof und eine neue Terrasse an der Rückseite und wird für würdig befunden, durch eine eigene Abzweigung direkt mit der Autobahn verbunden zu werden. Schloss Kleßheim hat jedoch trotz der Umbaumaßnahmen noch immer einen betörenden Charme. Dem Gast, der nun am Morgen des 18. März 1944 in dunkelblauer Uniform am Kleßheimer Bahnhof aus dem Zug steigt und in Begleitung des Führers zu dem lieblichen Schloss eskortiert wird, schwant Schlimmes. Miklós Horthy, Reichsverweser von Ungarn seit 1920, weiß nicht, dass Goebbels bereits genau zwei Wochen vor seiner Ankunft notiert hat: »... der Führer ist jetzt entschlossen, die ungarische Frage zu lösen. Die Ungarn üben Verrat am laufenden Band ... Er will die ungarische Regierung absetzen und verhaften und Horthy in Gewahrsam nehmen.« Der ungarische Gast ahnt nicht, dass seine Verhandlungen mit den Westalliierten den Deutschen ruchbar geworden sind. Er spürt nur, dass es brenzlig wird. Allein sein verbohrter Ehrgeiz – wobei die Ehre bei dem ehemaligen Marineadmiral die Hauptrolle spielt – bringt ihn dazu, anzutreten bei dem Duell in Schloss Kleßheim. Hitler hat mittlerweile umdisponiert und sich vorgenommen, Horthy mit demagogischer Sprachgewalt für sich und seine Sache zu gewinnen. Und er lässt dem reisemüden Horthy keine Verschnaufpause. Noch am selben Vormittag fängt er an, seinen bisherigen Verbündeten zu beschimpfen und bezichtigt dessen Land des Verrats. Horthy ist ein alter Mann und will mit 76 Jahren nicht seinen Ruf als aufrechter Ungar verlieren. »Geruhen Sie zur Kenntnis zu nehmen«, erklärt er mühsam beherrscht, »dass Ungarn im Laufe seiner tausendjährigen Geschichte niemals einen Verrat begangen hat.« Mit solchen Sentenzen ist der aufgebrachte Führer nicht zu beruhigen. Es platzt aus ihm heraus: er werde Ungarn besetzen. Jetzt ist die Geduld Horthys am Ende. Rot vor Erregung rennt er aus dem Verhandlungssaal. Hitler hinterdrein: der Gast muss noch bleiben. Düfte dringen aus der Küche, im lichten Speisesaal mit den

Reichsadler vor dem Gartenreich
Das Barockschloss Kleßheim, einst Lustschloss des Erzbischofs, wurde herabgewürdigt zum Gästehaus des Führers – und in seinem Sinn entstellt. Am 18. März 1944 kam Admiral Horthy (1868–1957), ungarischer Reichsverweser, auf dem Kleßheimer Bahnhof an und war mehr Gefangener Hitlers als Gast im Schloss.

hohen Sprossenfenstern wird serviert. Die Tafel ist festlich geschmückt. Aber die Gäste sind wortkarg. Horthy wird bei der Mahlzeit etwas ruhiger, aber nicht williger: auf keinen Fall will er die Proklamation unterschreiben, die Hitler ihm vorlegen lässt. Nur noch eins will er: zurück nach Budapest. Während er packt, gibt sein Gastgeber den Befehl, das Land seines Gastes zu besetzen. »Margarethe« heißt das Unternehmen. Es ist jetzt fünf Uhr nachmittags und eine Abreise Horthys passt nicht ins Konzept. Horthy drängt. Steht am Fenster, schaut hinaus und sieht statt des vorfrühlingshaften Parks schwere undurchdringliche Schwaden. Schloss Kleßheim wird eingenebelt – auch zu seinem Schutz, hört er: ein Luftangriff bedrohe das Gästehaus des Führers. Telefonieren kann Horthy nicht, die Leitungen sind unterbrochen. Er muss also noch ein höchst ungemütliches Abendessen überstehen. Erst um 21 Uhr steigt er in seinen Zug. Immer noch zu früh, befinden Hitlers Helfer, die den Luftangriff fingiert und die Nebelwerfer in Gang gesetzt hatten. Sie lassen den Zug in Linz blockieren. Es ist vier Uhr morgens, als der Zug weiterfahren darf. In dieser Stunde ist das Schicksal von Hunderttausenden ungarischer Juden besiegelt: Die Nazis marschieren in Ungarn ein. Einen Monat später legen im Lustschloss Kleßheim die Generalfeldmarschälle ihren Treueschwur für Hitler ab. Ein halbes Jahr danach, am 16. Oktober, wird aus Hitlers makabrer Inszenierung Ernst: Der erste alliierte Luftangriff trifft Salzburg, tötet 244 Menschen und zerstört 164 Gebäude. Und Mitte Oktober wird Horthy in ein bayrisches Internierungslager gesperrt. Dass heute das Schloss Kleßheim ein Casino beherbergt, wäre wohl eher im Sinn von Erzbischof Graf Thun gewesen. Doch Romantiker träumen, wenn sie durch den Park schlendern, jenen Traum, den Max Reinhardt 1932 in Kleßheim Wirklichkeit werden ließ: den Sommernachtstraum. Die ganze Anlage hatte er mit Shakespeares Szenen belebt, hatte Szenen im Wald, auf den Wiesen, vor der Fassade und den letzten Akt im Prunksaal spielen lassen. Wandernd erfuhren die Gäste die Schönheit dieses sommerlichen Verwirrspiels und die Schönheit von Kleßheim. Vielleicht kommt einer, der diesen Traum dort noch einmal beschwört, um den Albtraum der Vergangenheit zu bannen.

Nacht über leuchtender Schönheit
Fürsterzbischof Johann Ernst Graf Thun hatte Schloss Kleßheim in den Jahren 1700 bis 1709 von Fischer von Erlach erbauen lassen. 1942 wurde der »kriegswichtige Bau« nach schweren Eingriffen von Hitler in Betrieb genommen. Seine Spuren wurden nicht entfernt, was die Casino-Betreiber heute offenbar nicht stört.

Felsenreitschule Hofstallgasse 1

Auch wenn der Himmel gläsern und blau ist, hängen schwere Wolken über der Festspielstadt. Wie jeden Sommer blühen die Begonien und Geranien in den Blumenkästen, wie jeden Sommer haben die Wirte ihre Gartenlokale auf Fremde eingerichtet, wie jeden Sommer hat die Stadt sich geputzt und geschmückt. Und es steht in dieser Festspielsaison 1933 eine Attraktion an: Max Reinhardt wird Goethes Faust inszenieren – an einem Ort, der noch nie für Theater genutzt wurde, der ehemaligen Felsenreitschule. Was dort seit Jahresbeginn läuft, ist Stadtgespräch. »Die haben einen echten Ahornbaum eingepflanzt«, wissen die einen, »in ein Stück Erde am Felsen« – er soll die Linde beim Osterspaziergang ersetzen. »Die proben bis Mitternacht, oft bis vier Uhr morgens«, wissen andere, die im Morgengrauen müde Schauspieler nach Hause gehen sehen. Es hat sich herumgesprochen, dass der junge Clemens Holzmeister mit Reinhardt zusammen die aufregende Idee entwickelt hat, in den Bogengängen der Reitschule eine ganze Faust-Stadt aufzubauen. Mehr als dreißig Meter breit, mehr als dreißig Meter hoch. Übereinander und nebeneinander sind da Fausts Studierzimmer und Auerbachs Keller, der Dom, Gretchens Zimmer und Gretchens Kerker – alle Handlungsorte zu sehen in einem mittelalterlichen Stadtbild, das an Salzburg erinnert. Und immer dort, wo das Geschehen spielt, wird die Szene von Scheinwerfern erhellt. Ein Abenteuer, eine Sensation, eine Jahrhundert-Inszenierung, heißt es. Unvergesslich soll sie werden. Doch es spricht sich genauso herum, dass der Darsteller des Faust, Eugen Klöpfer, mitgeteilt hat, er werde nicht teilnehmen können. Die Nazis haben deutschen Künstlern die Teilnahme verboten. Bei manchen ist das Verbot freilich gar nicht nötig. Hans Pfitzner, zum Beispiel, hat Mitte Juli abgesagt. Ihn empöre das Vorgehen der österreichischen Bundesregierung »gegenüber dem erwachenden Deutschtum, zu dem ich mich voll und ganz bekenne«. Es braut sich Unheil zusammen über der lichten Heiterkeit der Festspiele. Aus Lautsprechen dröhnen an der deutsch-österreichischen Grenze die Parolen jenes Mannes, der im Januar zum Reichskanzler ernannt worden ist. Bereits vor dem Beginn der Festspiele haben deutsche Flugzeuge Salzburg überflogen und Propaganda-Flugblätter abgeworfen. Bei der feierlichen Eröffnung beregnen sie den Residenzplatz. Die Piloten hören nicht, aber sie sehen, dass ihnen nur Wut und Protest entgegenschlägt. Die Österreicher und alle Künstler, die kommen, rücken enger zusammen. Es wird diskutiert, wer wo einspringt. Dieser Ewald Balser, der die Rolle des Faust übernehmen soll, ist nur wenigen ein Begriff. Vor allem aber wird registriert, gegen welche Künstler die Nazis hetzen. Jeder kriegt es mit, dass dazu vor allem Max Pallenberg gehört, der den Mephisto spielen soll. Obwohl gerade ihn, den großen Komödianten, das Salzburger Publikum so sehr liebt wie das Wiener, das Münchner und das Berliner. Sie haben den Pallenberg hier schon als Teufel im »Jedermann« umjubelt und in Molières »Der eingebildete Kranke«, sie vergöttern dessen Frau, Fritzi Massary, die vor sieben Jahren als Adele in der »Fledermaus« des Johann Strauß das Festspielpublikum betörte. Aber niemand kann überhören, was nun gegen den Pallenberg vorgebracht wird: Es sei eine Schändung, einen Juden im heiligsten Bühnenstück der Deutschen auftreten zu lassen. Und es sei gotteslästerlich, diesen Komiker als Fausts Widerpart zu besetzen – ein Versuch, deutsches Kulturgut lächerlich zu machen und in den Dreck zu ziehen. Offenbar nimmt in Salzburg keiner wahr, dass Goebbels über die aus ihren Positionen gejagten jüdischen Künstler bereits das Urteil gesprochen hat. »Sie sind Kadaver auf

Das Risiko Klima
Die ehemalige Felsenreitschule als Freilichtbühne zu nutzen war eine faszinierende Idee. Max Reinhardt (1873–1943) bereute sie angesichts der sommerlichen Regengüsse. Heute schützt ein bewegliches Dach Zuschauer und Bühne. Im Winter muss es aus baubiologischen Gründen offen bleiben. Entstanden war die ehemalige Sommerreitschule 1690, indem in einem aufgelassenen Steinbruch Galerien und eine Arena aus dem Fels gehauen wurden.

121

Urlaub.« Die Österreicher, vor allem aber die Salzburger halten dagegen. Die einen aus ideellen, die anderen aus finanziellen Gründen: Sie wissen, welche katastrophalen Defizite gescheiterte Festspiele brächten. Auch wenn sie den als Juden in Deutschland geschmähten Dirigenten Bruno Walter bei der Premiere von Glucks »Orpheus und Eurydike« feiern: die Stimmung ist gedrückt. Deutlich weniger Gäste sind angereist, nicht nur weniger Amerikaner, wegen des Dollarsturzes, vor allem weniger Reichsdeutsche. Dabei hat die Bahn gelockt mit 50 Prozent Fahrpreisermäßigung für alle Festspielbesucher. Und Max Pallenberg, berüchtigt für seine unverwüstlich gute Laune, ist grantig, niedergeschlagen, wütend und traurig zugleich. So gar nicht in der Verfassung, als Star einer Premiere zu glänzen. Gut, dass er hier Freunde hat. Bei Carl und Alice draußen in Henndorf am Wallersee, in der »Wiesmühl«, wo er nur Heuduft atmet und Kuhglocken hört und kein Bauer ihn kennt, geht es ihm gut. Wer bei den Zuckmayers am Gartentisch sitzt, schätzt, ja verehrt den Pallenberg. Die Alma Mahler-Werfel genauso wie der Thomas Mann, der Bruno Walter, der Stefan Zweig oder der Joseph Roth. In der Stadt drin aber steigt das Unbehagen wieder auf in Max Pallenberg. Zuckmayer versucht, den Freund zu beruhigen. Ja, es ist empörend, es ist skandalös, erschütternd, dass sie ausgerechnet ihn, den Publikumsliebling, zum Ziel ihrer üblen Hetztiraden machen. Vielleicht sediert ihn ein Besuch im Augustiner Bräustübl, dieser warmen dampfenden Idylle, die mit einer intimen kleinen Stube gar nichts zu tun hat. Im Winter nicht und im Sommer erst recht nicht. Jetzt, im August, stehen lange Holztische für zwanzig, dreißig Leute im Schatten der Biergarten-Kastanien. Hunderte von Gästen spülen hier täglich ihren Krug im Brunnenstrahl aus, zapfen dann selbst vom Fass das kräftige klostereigene Bier, häufen sich an einem der Stände unter den Säulen ihr Gselchtes, ihren Erdäpfelsalat, ihren Liptauer auf den Teller, leeren friedlich ihre Maß, nagen ihr Hendl aus der Hand und versumpfen in der Trägheit eines warmen Tages. Dort, denkt sich der besorgte Carl, ist noch jeder friedlich geworden. Einer wie Max fällt an diesem Ort, wo sich die Hinterteile aneinander reiben und sich die Schichten vermischen wie die Fleischreste im Leberkäse, nicht weiter auf. Mit seiner knolligen Nase,

Das Risiko Süffigkeit
Das Bier im Müllner Bräu, speziell das Zwölfgrädige mit 12 Grad Stammwürze, gilt Kennern als unwiderstehlich. Und Salzburgern als Kulturgut: 1621 war die Brauerei gegründet worden und das Augustiner Bräustübl und der Biergarten dort hat ebenso viele große Künstler gesehen wie die Festspielhäuser. Am liebsten aber sind dem Bräu die Stammgäste, auch wenn sie auf ihrem eigens gekennzeichneten Glaskrug statt des üblichen Tonkrugs bestehen.

dem stämmigen Hals, dem breiten Mund, den großen Ohren, dem Bierbauch und dem lauten, haltlosen Gelächter, bei dem er sich die Hand vor den Mund hält, damit man die maroden Zähne nicht sieht, wirkt er wie einer von denen hier. Carl und seine Frau Alice spüren, dass Pallenberg angespannt ist. Kein Wunder: Seit Wochen übt er wie ein Besessener, weil er der Welt zeigen will, dass ein großer Komödiant auch ein großer Mephisto sein kann. Und dass ein kleinwüchsiger hässlicher Mann mit rötlichen Haaren, eitel bis in die Spitzen der Lackschuhe und den Brillantring am kleinen Finger, sich in einen Dämon zu verwandeln vermag. Er büffelt. Spricht seine Texte auf Schallplatten, hört sie ab, zerfetzt sich selbst, fängt von vorne an. Und hat immer im Ohr, dass die Nazis über den Juden Pallenberg reden, als sei er nicht seit zwanzig Jahren ein Star, sondern ein dahergelaufener Stümper vom Schmierentheater. Zuerst ist er noch ganz Bier und Leberkäse. Plötzlich aber bricht die Unruhe durch. »Sind das hier alles Nazis?«, fragt er mit der geübten und vernehmbaren Stimme eines Schauspielers. »Wenn man so will ein Teil davon«, beschwichtigt ihn Carl. »Aber die stellen sich nichts Böses drunter vor und sind ungefährlich.« Damit reizt er den Gereizten noch mehr. »Das werden wir sehen«, sagt Pallenberg, springt auf den langen Holztisch, kämmt sich mit den Fingern die Haare in die Stirn zu einer einschlägig bekannten Frisur, legt sich zwei Finger als Schnurrbartersatz an die Oberlippe und fängt an zu reden. Den Zuckmayers würgt die Angst das Lachen in der Kehle ab. »Salzburgerinnen und Salzburger«, fängt Pallenberg an zu reden mit jener Stimme, die jeder aus dem Volksempfänger kennt. Und dann legt er los. Fünf Minuten lang, für seine Freunde eine endlose Zeit, führt er eine Parodie vor, die an Dreistigkeit und Deutlichkeit nicht zu überbieten ist. Alice und Carl sitzen erstarrt auf der Bank. Werden die Gäste sich erheben und diesen Schädling erschlagen? Ein paar Gäste brummen verärgert: Warum stört der Kerl sie in ihrer Gemütlichkeit? Ein paar lachen, die nicht wissen, wie der Redner heißt und wie brisant das Ganze ist. Da beruhigt er sich. Steigt vom Tisch, setzt sich hin, als wäre nichts gewesen. Und auch andere tun so, als wäre nichts. Luxuslimousinen fahren vor am 17. August, dem Tag der Faust-Premiere. Marlene Dietrich, Fjodor Schaljapin, Otto Klemperer, Emil Jannings und Wiens Bürgermeister Karl Seitz entsteigen ihnen. Die Prominenz bekennt Farbe und diese Farbe ist nicht braun. Trotzdem steht kein guter Stern über diesem Tag. Dabei wurde vorgesorgt: Drei breite Zeltplanen sind über den offenen Zuschauerraum und die Faustadt bis zum Mönchsbergfelsen gezogen worden. Kaum hat sich Faust in Auerbachs Keller begeben, bricht das Unwetter herein. Die Leinwandbahnen werden zu Schüsseln, füllen sich mit Wasser und ergießen ihren Inhalt auf Abendkleider, Smokings und Fräcke. »Man sollte eben nördlich von Verona keine Freilichtspiele veranstalten«, sagt Reinhardt. Bei der Ersatzvorstellung drei Tage später wiederholt sich das Ganze. Noch besser wurde diesmal vorgesorgt: Im Festspielhaus hat Holzmeister eine Kopie der Faust-Stadt improvisieren lassen. Und das Publikum verfällt zwei Schauspielern, die etwas Ungeahntes wagen: Sie spielen die großen Rollen ganz ohne Pathos. Paula Wessely ist ein herzzerreißend einfaches liebendes Gretchen und Max Pallenberg ein melancholischer, witziger, auch zynischer Mephisto, nicht der Dämon, sondern der gefallene Engel, ohnmächtig und macht lüstern. Die Hakenkreuz-Feuerwerke, die bei diesen Festspielen über dem Obersalzberg aufsteigen, sind schon die Vorzeichen der Apokalypse. Doch Pallenberg wird sie nicht mehr erleben. Er wird nicht mehr erfahren, wie Recht er hatte mit jener Panik, die ihn in der Idylle des Biergartens überfiel. Am 26. Juni 1934 bricht er von Wien zu einem Gastspiel nach Karlsbad auf. Der risikoliebende Geschwindigkeitsnarr startet nicht in der fahrplanmäßigen Maschine, sondern in einem dreimotorigen Eindecker. Hundert Meter vor dem Karlsbader Flughafen stürzt die Maschine ab. Niemand wird sich mehr erregen müssen über den jüdischen Mephisto in Salzburg.

Das Risiko Politik
Der jüdische Schauspieler Max Pallenberg (1877–1934), Reinhardts Festspiel-Mephisto, riskierte 1933 sein Leben mit einer Hitler-Parodie im Müllner Bräu. Der Regisseur Günter Krämer riskierte 2002 einen Theaterskandal durch ein Zitat: In seiner Inszenierung der Richard-Strauss-Oper »Die Liebe der Danae« bietet sich durch das Panoramafenster der gleiche Blick auf Watzmann und Hochkalter wie aus Hitlers Berghof.
Die Ansicht oben zeigt den Berchtesgardener Talkessel mit dem Obersalzberg (links).

SCHAUPLATZ
der Prominenz
& Sinnlichkeit

»Wer ein richtiger Musiker sein will, der muss auch eine Speisekarte komponieren können.«

Richard Strauss

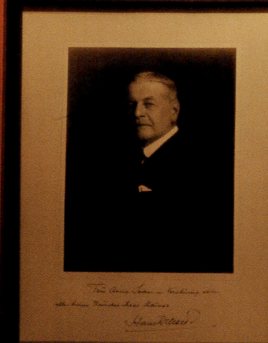

Schauplatz der Prominenz & Sinnlichkeit

Für beides ist Salzburg berühmt. Doch beides wird einer Stadt so wenig geschenkt wie einem Menschen. Lebensfrohe Gelassenheit fordert harte Arbeit hinter den Kulissen und ist kein ausreichendes Argument, um Prominenz anzuziehen. Denn die braucht geeignete Schauplätze, um gesehen zu werden und so den eigenen Status zu überprüfen. Zudem fordert sie als Gegenleistung dafür, dass sie die Schaulust anderer befriedigt, selbst amüsiert zu werden. Mozart lästerte noch, »dass in salzburg – wenigstens für mich – um keinen kreutzer unterhaltung ist«. Erst seit den sechziger Jahren des 19. Jahrhunderts wurde Salzburg unterhaltender, was einer Zufuhr von außen zu verdanken war, antransportiert durch die Eisenbahn, ausgespuckt am Salzburger Bahnhof, der am 12. August 1860 in Betrieb ging und die Stadt mit Wien und München verband. Direkt gegenüber eröffnete Louis Jung keine fünf Jahre später jenes Hotel, das als Schauplatz für Prominenz erbaut und sofort von ihr in Beschlag genommen wurde: das »Hotel de l'Europe«. Der Prominenz bauten auch andere ihre Promenaden – das »Hotel Bristol« am Makartplatz, der »Österreichische Hof« (heute »Sacher«) in der Schwarzstraße, vor allem aber das »Café Bazar« mit seiner Terrasse am Salzachufer, jenem unübertrefflichen Laufsteg, bewiesen das bald. Souverän führt das »Bazar« bis heute vor, dass nichts anziehender wirkt auf die Prominenten als Fürsorge: Sie genießen es, wenn die Kellner ihre Zigarettenmarke und ihre Lieblingszeitung so genau kennen wie den Farbton, in dem sie den Kaffee zu trinken lieben. Und sie durch dezente Wachsamkeit in den Mantel des Wohlbehagens hüllen, jene Galarobe der wirklich Bevorzugten. 1948 übernahmen Gräfin Harriet und Graf Emmanuel (von) Walderdorff im barocken Zentrum des Stadt das Hotel »Goldener Hirsch« und signalisierten mit antikem Mobiliar und maximalem Ausstattungsluxus auf knappem Raum, dass sie nicht an Bustouristen interessiert waren. Vielmehr an jenen Gästen, die Karajan-adäquat vorführen und sich die aristokratische Herzlichkeit der adligen Hotelbesitzer als Auszeichnung an Smoking wie Trachtenjanker hefteten. Im selben Jahr wurde Schloss Mönchstein in Mülln, seit dem 17. Jahrhundert eine angemessene Absteige für Gäste wie Zarin Katharina von Russland, in ein Hotel umgebaut, das nach wie vor mitten ins Herz der japanischen und amerikanischen Salzburgsehnsüchte trifft. 1958 eröffnete die Familie Herzog-(von)Busek auf dem Gaisberg das »Kobenzl«, ein Etablissement, das alles bot, was in den sechziger Jahren als mondän galt: überwältigenden Panoramablick, Glas, Beton, Balkone und Acrylvelour auf den Böden, an jedem Stuhl ein Messingschild, das verkündet, welche Prominenz den Sitz schon gewärmt hat. Was sich versteckt, lockt die Berühmten und reizt den Jagdinstinkt der Neugierigen – das erleben seit den achtziger Jahren auch Spitzenlokale wie das »Pfefferschiff«, draußen in Söllheim, oder der »Schlossgasthof Aigen«, am Rande der Stadt gelegen. Denn im Zeichen des allgegenwärtigen Exhibitionismus gibt sich die wahre Prominenz mehr denn je dadurch zu erkennen, dass sie sich verbirgt. Die Zeit der spektakulären Auffahrten vor dem Festspielhaus sind vorbei. Manche trauern der Ära nach, in der Karajan und seine schöne blonde Frau Eliette monarchischen Glanz haben erstrahlen lassen. Doch statt der Monarchie hat sich die Oligarchie der Mäzene etabliert, jener Verdienstadligen, deren Gesichter kaum einer kennt und kennen soll. Salzburgs Sinnlichkeit beeinträchtigt das jedoch nicht, denn sie wird von den Einheimischen, die ihre Kaffeehäuser und Biergärten verteidigen, als das angesehen, was sie sind: Kulturgut. Musik für Nase und Gaumen.

Diva der Macht
Zarin Katharina die Große (1729–1796), Kaiserin von Russland, wurde in Schloss Mönchstein gehätschelt.

Diven der Festspiele
Die Bilderwand im Café Sacher (ehemals »Salzach Grill«) erinnert an Stars, die von Salzburgs Kellnern mit dem Luxus höchster Aufmerksamkeit verwöhnt wurden.

Hotel Sacher Salzburg   Schwarzstrasse 5-7

Es ist stockfinster. Beklemmend finster. Niemand spricht. Außer dem Rascheln von Seidentaft ist nichts zu hören. Dann erklingt ganz leise Kirchenmusik. Orgelklänge. Da öffnet sich eine schmale gotische Tür. Nonnen ziehen ein, die Köpfe gesenkt, verschleiert, demütig, den Rosenkranz am Gürtel. Schweigend gehen sie nach vorn. Verrichten ihre Pflichten im Kloster, putzen, beten, essen, pflegen. Und noch immer redet niemand ein Wort. Dann erhellt sich neben dem Kloster die Kirche. Eine gotische Kanzel, brennende Opferkerzen, eine Marienstatue, von einem großen geschnitzten Baldachin bekrönt. Im Hintergrund glüht in tiefen Farben ein riesengroßes Kirchenfester. Naive Klänge umhüllen die einfache Geschäftigkeit der frommen Frauen. Kein Wort ist zu vernehmen, noch immer passiert nichts, was im Mindesten aufregend wäre. Und dennoch starren alle gebannt hin. Menschen, die aus der ganzen Welt angereist sind, vor allem aus Amerika und England. Junger Geldadel aus Pennsylvania, alter Familienadel aus Großbritannien, Leute, die mit großen Autos am Österreichischen Hof vorgefahren sind, deren eigene Butler die Kabinenkoffer ausgeladen haben, die teure Suiten mit Blick zur Salzach hinaus bewohnen, die abends Champagner trinken und auch tagsüber Juwelen tragen und eindrucksvolle Hüte. Es ist so finster, dass keiner ihre teuren Abendroben sieht und ihre maßgeschneiderten Fräcke. Und sie selbst, tagsüber umlagert von Journalisten, werden auch nicht gesehen. Sie sitzen im Finstern und warten auf ein Wunder. »Mirakel« heißt das Stück, das hier aufgeführt wird und eigentlich ist das größte Wunder daran, dass derart viele bekannte, berühmte, betuchte Menschen viel Geld bezahlen, um es anzusehen. Keine Mozartoper, nur eine sentimentale fromme Marienlegende, die Carl Vollmoeller als Pantomime gestaltet hat, denn wie manche Dichter, vor allem aber viele Zuschauer, ist er des Wortschwulsts und der brüllenden Exzesse auf der Bühne überdrüssig, mit denen

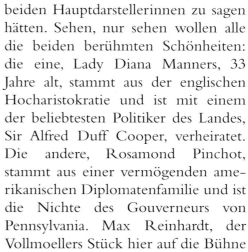

die Naturalisten ihre Überzeugungen vermitteln wollen. Statt wuchtiger Monologe und pathetischer Dialoge ist nur die Musik von Engelbert Humperdinck zu hören. Und es will auch keiner hören, was die beiden Hauptdarstellerinnen zu sagen hätten. Sehen, nur sehen wollen alle die beiden berühmten Schönheiten: die eine, Lady Diana Manners, 33 Jahre alt, stammt aus der englischen Hocharistokratie und ist mit einem der beliebtesten Politiker des Landes, Sir Alfred Duff Cooper, verheiratet. Die andere, Rosamond Pinchot, stammt aus einer vermögenden amerikanischen Diplomatenfamilie und ist die Nichte des Gouverneurs von Pennsylvania. Max Reinhardt, der Vollmoellers Stück hier auf die Bühne des neu eröffneten Festspielhauses bringt, besitzt eben nicht nur Instinkt für Stücke, sondern auch für jenen Glamour, den Festspiele brauchen, um zu glänzen. Und er ist ein Theatermann, der den Voyeurismus der Menschen nicht nur kennt, sondern auch bedient. Viele Male schon hat er dieses schlichte und deshalb so erfolgreiche Stück, das auf einer alten englischen Marienlegende beruht, auf die Bühne gebracht. Triumphal aber war es in New York, denn dort erst hatte er erkannt, wie delikat es sein würde, die beiden Hauptpartien mit Damen der Gesellschaft zu besetzen. Diana, die englische Aristokratin aus dem Vorzeigebilderbuch: diszipliniert und distanziert, gebildet, aber dabei schlagfertig und humorvoll. Und selbstverständlich von madonnengleicher Schönheit. Sie spielt die Muttergottes in diesem Stück. Und Rosamond, äußerlich ebenfalls mit ebenmäßiger Schönheit gesegnet, sonst aber das absolute Gegenteil von Lady Manners verheiratete Cooper: ein animalisches Wesen, lebenshungrig, nicht bildungsdurstig, mit einem geschmeidigen sportlich durchtrainierten Körper, gelen-

Wallfahrtsstätte der eleganten Welt
Der Österreichische Hof, 1836–1866 erbaut, früher auch »Hôtel d'Autriche« genannt, seit 2000 Hotel Sacher. Die Uraufführung der Pantomime »Mirakel« im Jahr 1925, bei dem die 33-jährige Lady Diana Manners (1892–1986) die Hauptrolle spielte, bescherte dem Haus englischen Hochadel und amerikanische Prominenz. Hier der teure Blick zur Salzach.

Andachtsbild einer Krankenschwester
Lady Diana Manners, gelernte Nurse, verheiratet mit dem Politiker Sir Cooper, betet im »Mirakel« die Madonna an (verkörpert von Rosamond Pinchot), die während ihrer Abwesenheit aus dem Kloster für sie als Nonne einsprang. Die gotische Marienfigur, eine spätere Zutat in dem 1853 aus Scheffau hierher verbrachten Hochaltar des Benediktinerinnenstifts Nonnberg, gab die Vorlage ab.

kig wie eine Katze, lüstern auf Ruhm. Beide sind Lieblinge der Klatschpresse. In Salzburg weiß mittlerweile jeder, wie Reinhardt diese Rosamond entdeckt hat: An Deck der »Aquitania«, auf der Fahrt nach New York, war er ihr per Zufall begegnet. Zu scheu, sie selber anzusprechen, hatte er einen Mittler bemüht, der das junge Wesen anbrachte. Sie habe keinerlei Theatererfahrung, gestand Rosamond. »Sprechen Sie mir irgendetwas vor«, bat Reinhardt. Aber Rosamond hatte alle Gedichte, die sie aus der Schulzeit kannte, vergessen. Beten könne sie, bot sie ihm an. Und betete Reinhardt etwas vor, wobei ihr Ausdruck ihn wohl überzeugte. Hier nun, auf der Salzburger Festspielbühne, sind sogar die Gebete stumm. Zugegeben, das Stück ist nicht umwerfend: Nonne verliebt sich in gastierenden Ritter, Ritter entführt Nonne aus dem Kloster. Währenddessen hat die Madonnenstatue in der Klosterkirche Mitleid und beweist Voraussicht: Sie steigt von der Säule und übernimmt im Kloster alle Aufgaben der erotisierten Nonne. Die Nonne erlebt, was die Welt so bietet: Krieg und Revolution, Armut, Lüge und Betrug. Und Untreue: Der Ritter lässt die Nonne sitzen, die Nonne will nichts wie heim in die Geborgenheit des Klosters und jene Rückkehr verläuft erstaunlich glatt: Dort empfängt die reuige Sünderin kein inquisitorisches Gericht; nicht einen einzigen Vorwurf, be-

kommt sie zu hören. Denn die Madonna hat ihre Lücke so gut ausgefüllt, dass die sündige Nonne dort weiter machen kann, wo Maria, mittlerweile auf die Säule zurückgekehrt, aufgehört hat. Festspiele brauchen Glamour und Gerüchte. Es hat sich herumgesprochen und soll sich wohl auch herumsprechen, dass die schöne Helene Thimig ihre schönen weiblichen Hausgäste in Schloss Leopoldskron mit Argwohn betrachtet, die elegante Diana Manners, von der Max Reinhardt unübersehbar fasziniert ist, noch mehr als die exzessive Rosamond, die von einem Flirt zum nächsten torkelt. Helene, die überall als Max Reinhardts Frau gilt, aber mit dem noch immer nicht Geschiedenen nicht verheiratet ist, hat Gründe zur Eifersucht, denn die meisten Frauen verfallen diesem Theatermagier Reinhardt haltlos. Die Premiere im neuen Festspielhaus wird ein sensationeller Erfolg. Danach kehrt Diana zurück in ihr Leben als Lady Alfred Cooper. Rosamond gelingt die Rückkehr nicht. Sie wechselt die Liebhaber in schneller werdendem Rhythmus und keine Madonna hält segensreich ihre Hand über sie. Ein paar Jahre nach der Premiere bei den Salzburger Festspielen bringt sie sich um.

Heiligtum einer Erfolgsstory
Das Benediktinerinnenstift Nonnberg (hier die gotische Krypta von 1463) wurde zum Kultplatz eines Millionenpublikums, das durch »The Sound of Music« die Geschichte der Trapp-Familie kennen lernte. Denn hier war die spätere Baronin Trapp und Mutter der singenden Sippe 1936 als Novizin abgesprungen, um als Kindermädchen beim Witwer Trapp einzuspringen. Angeblich hat die damals noch brandneue Geschichte, dass eine Novizin ins weltliche Leben zurückkehrt, die Inspiration zum »Mirakel« geliefert.

135

Café Bazar

Schwarzstrasse 3

Illusion: darum geht es auf jeder Bühne. Auch auf der großen Bühne der Stadt Salzburg, die jeden, der sie erlebt, zu neuen Illusionen verführt. »In der Großstadt flieht der Mensch in die Zerstreuung«, meinte Hofmannsthal. Nur in Städten wie Salzburg suche er Tiefe. Salzburg sakralisiert, meinte er, und verklärte es zur Weihestätte, wo es um Geist gehe, nicht um Politik, um eine innere Gemeinschaft, nicht äußerliche Gesellschaft. Das war eine große, schöne Vision, wie sie einem Dichter ansteht. Doch es war klar, dass sie Illusion bleiben würde. Und selten wurde das Thema mit Illusionen in Salzburg so reichhaltig gespielt wie im Sommer 1935. In den teuren Hotels der Stadt grassiert die Eifersucht. Welchem hat die 35-jährige Diva die Ehre erwiesen? Im »Hotel de l'Europe« verdächtigt man den »Österreichischen Hof«, dort das »Bristol« und im Bristol wiederum das »Hotel de l'Europe«, das laut Ortskenner Hermann Bahr das beste sein soll, zumindest was Heizung und sanitäre Anlagen angeht. Nein, sie sei in Schloss Leopoldskron, wollen Eingeweihte wissen. Und nicht nur die Hotels, alle Einheimischen halten jeden Tag begierig Ausschau nach ihr. Kauft sie sich vielleicht wie fast jeder berühmte Gast im Sporthaus »Lanz« einen Gainzel-Strohhut, wie ihn die Paula Wessely trägt, oder ein Dirndl mit Hänsel-und-Gretel-Muster? Schließlich schleppt Rudolf Kommer, Max Reinhardts rechte Hand, jeden der Gäste auf Schloss Leopoldskron gleich bei der Ankunft, oft schon auf dem Weg vom Bahnhof, zum »Lanz«, wo viele Berühmtheiten geduzt werden und auf dem Tresen sitzend ihren Willkommensschnaps trinken. »Dadurch«, behauptet Reinhardts Privatsekretärin Gusti Adler, werde »sofort das Eis gebrochen«. Und bei der Garbo soll da ja einiges zu brechen sein. Kühl und unnahbar – so kennen sie auch die Österreicher aus dem Kino, aus »Anna Karenina«, »Mata Hari« oder »Menschen im Hotel« und aus dem neuesten großen Erfolg »Königin Christine«. Verwunderlich, dass alle ausgerechnet darauf brennen, die Garbo zu sichten, die hier auf der Bühne der Festspiele gar keine Rolle spielt, nur auf der Bühne der Eitelkeit. Denn dieser Sommer spült so viele musikalische Prominente nach Salzburg wie keiner zuvor, nicht nur einen brillanten neuen »Jedermann« namens Attila Hörbiger. Viel aufregender jedoch als Bruno Walter und Toscanini mit den Stars der Mailänder Scala, viel interessanter als der unwiderstehliche »Don Giovanni«, Ezio Pinza, und die großartige »Leonore« dieser Saison, Lotte Lehmann, spektakulärer sogar als der Herzog von Kent und seine Frau ist sie, die Göttliche. Angeblich hat Greta Garbo den Regisseur Max Reinhardt persönlich wissen lassen, sie habe Lust, einen Festspielsommer in Salzburg zu erleben. Und es heißt, sie werde bei ihm in Leopoldskron residieren. Das zumindest behauptet in der Festnummer 1935, der Ausgabe vom 26. Juli, die Zeitschrift »Fledermaus«. Aber bei Reinhardt ist sie nicht. Wo also dann? Die 150 internationalen Journalisten heizen die Garbo-Gier noch an. Wer findet sie – wo und in welcher Kostümierung, vor allem aber: in welcher Begleitung? Am 10. August verkündet die »Fledermaus« zufrieden, dass die Garbo den Hoteliers in der Stadt jede Menge Zusatzarbeit bereite. »Nun ist Salzburg seit Tagen wahrhaftig in einem Zustand der Erwartung, der mit ›Garbo-Fieber‹ nicht übertrieben gekennzeichnet ist. Familien, die ihre Abreise für einen bestimmten Tag am Anfang dieser Woche festgesetzt hatten, verschoben sie. Diese Fälle gehen in die Hunderte.« Von einem sind alle überzeugt: Wo immer sie sich versteckt, im Café Bazar wird sie sich zeigen, denn das ist der Laufsteg der

Eine Legende
Das Café Bazar und seine Ober wie der aktuelle Abendober Wolfgang. Als das Gebäude am Elisabethkai, wegen seiner vielen kleinen Läden »Bazar« genannt, 1882 eröffnet wurde, war es nur ein langer flacher Bau im Stil der Belle Epoque, entworfen von Valentin und Jacob Ceconi. Erst 1906 erhielt es die bühnenwirksame orientalisierende Dekoration, die zum Schauplatz Salzburg passt.

Ein Mythos
Marlene Dietrich (1901–1992) auf der Terrasse des Café Bazar, jenem Laufsteg der Festspielprominenz, mit einem Hut vom Trachtengeschäft Lanz.
Ihre berühmte Kollegin Greta Garbo tauchte nur als Gerücht hier auf, was jedoch für noch mehr Furore sorgte.

137

Berühmtheiten, die dort natürlich auch ihre neueste Trachtenmode vorführen. Sollten sie noch nicht eingekleidet sein, dann werden sie spätestens dort, im Kaffeehausgarten am Salzachufer, angeworben, denn dort ist regelmäßig die schöne Dora zugange, eine gute Freundin von Sepp Lanz, Assistentin von Isadora Duncan, die seit acht Jahren in Schloss Kleßheim draußen eine Tanzschule betreibt und als kostenloses Modell für das Sporthaus Lanz agiert. Alle werden gesichtet: Toscanini und Helene Thimig, Attila Hörbiger und seine Frau Paula Wessely, Marlene Dietrich, Kanzler Schuschnigg, Carl Zuckmayer, Thomas Mann und Bruno Walter. Das beige, in Schweinsleder gebundene Gästebuch des Cafés, das seit 1927 geführt wird, ist nun nach acht Jahren bereits eine unbezahlbare Kostbarkeit für jeden Autographensammler. Nur: die Garbo hat sich noch nicht eingetragen. Der von den Damen umschwärmte Ober Fritz, der eigentlich Karl Wiltner heißt und alles weiß, weiß von nichts. Und auch der Waggerl hat sie nicht gesichtet, der doch dauernd hier hockt. Seit er vor jetzt dreizehn Jahren in der Uraufführung von Hofmannsthals »Das Salzburger Große Welttheater« eine Statistenrolle als Bischof übernommen hat, ist er Stammgast bei den Festspielen. Und er ist mächtig stolz, dass er mittlerweile auch zu denen gehört, von denen ein Autogramm erbeten wird. Leicht ist es nicht, hier jemand zu sein. »Es wimmelt von Prominenz in den Gassen und den Kaffeehäusern, aber man muss schon eine Supernova am Himmel der Berühmtheit sein, um hier noch aufzufallen«, klagt er. Und gibt zu: »Gelegentlich sticht einen wohl auch selber der Hafer der Eitelkeit, man nimmt sich also ein bedeutendes Ansehen und schlendert ein wenig durch das Café Bazar, als wollte man nur eben einem zugereisten Geistesfürsten guten Morgen wünschen. Und da hört man es auch schon flüstern: »Da schau – das ist der Waggerl!« »Der? – Oje, oje, jetzt fällt mir alles runter.« Der Heimatdichter aus Wagrein, der ein paar Jahre später im Sommer bei den Salzburger Kulturtagen die Hitlerjugend mit seinen Lesungen und Erzählungen im Freien beglücken wird, ist sehr gern berühmt und wäre natürlich auch gern der Erste, der die Garbo entdeckt. Seit vor zwei Jahren die Wessely als Gretchen in Reinhardts »Faust« das Publikum hingerissen hat, ist es Mode, wie sie ganz frisch, ungeschnürt und ungeschminkt, die Locken wild und natürlich, aufzutreten im Salzburger Sommer. Jetzt aber sitzen jede Menge weiß geschminkter Damen herum mit korallenrot geschminkten Lippen und dramatischen Augenbrauen über dunklen Sonnenbrillen, das Haar nach Garbo-Manier kinnlang und perfekt gelegt. Lauter falsche Göttliche. Ist eine von ihnen vielleicht doch die Echte? Dann am 28. August endlich die Erlösung vom Wahn – oder leider? Die Garbo sei überhaupt nicht in Salzburg gewesen, vermeldet das »Salzburger Volksblatt«. »Sie hat sich in Stockholm kürzlich den Fuß verrenkt und musste, statt die Reise in die Festspielstadt anzutreten, das Bett aufsuchen.« Vielleicht hat sie das Ganze auch nur inszeniert. Bekanntlich erlaubte sie Norman Mailer, der sie inbrünstig bewunderte, auch nicht, sie kennen zu lernen. »Ich will ihm«, hat die Garbo gesagt, »die Illusion erhalten.« Salzburg jedenfalls hat sie die Illusion erhalten.

Stadtbekannte Persönlichkeit
Vera Tomaselli, Enkelin von Richard Tomaselli, der 1909 das Café Bazar übernommen hat. Ihr in Schweinsleder gebundenes Gästebuch ist eine unbezahlbare Sammlung berühmter Autogramme – und liebevoller Komplimente an die Kaffeehausbesitzerin.

Österreichische Selbstverständlichkeit
Das Glas Leitungswasser gratis zu jedem Kaffee. Doch nirgendwo in Salzburg ist die Quelle so stilvoll wie im Bazar.

Schloss Mirabell

Mirabellplatz 4

Fast alles stimmt an dieser Liebe, an diesem Liebespaar. Beide haben bewiesen, dass ihnen ihre Beziehung wichtiger ist als ihr Ruf. Und dass sie einander treu sind, weil es ihnen Spaß macht. Und nun auch noch dieses Liebesnest: ein Schloss, das sich bescheiden Gut nennt, heiter, elegant, erlesen und dennoch intim, sogar romantisch. Er hat es seiner Geliebten geschenkt und es Altenau benannt – ein Kunstwort aus ihrem Nachnamen – Alt – und seinem – Raitenau. Sie ist oft unterwegs im Park, zwischen den Hecken und Rabatten, oder im Garten mit seinen Kirsch-, Apfel-, Birn- und Mirabellbäumen. Er kommt meistens erst abends hierher, denn tagsüber ist er in seinem offiziellen Wohn- und Amtssitz in der Stadt, auf der anderen Seite der Salzach. Dort taucht sie nur auf an der Tafel, denn vor allem, wenn Gäste da sind, spürt er sie gern an seiner Seite. Eigentlich ist alles perfekt, auch wenn beide nicht mehr jung sind: Sie ist 38 Jahre, als sie 1606 in dem Schlösschen einzieht, er neun Jahre älter. Trotzdem sind sie nach wie vor das Paar, über das am meisten geredet, sagen wir ruhig: geklatscht wird in Salzburg. Das war schon so, als diese Liebesgeschichte begonnen hat. Sie galt damals als das schönste Mädchen der Stadt und ihr Charisma wurde überall gerühmt. Er war mit 28 Jahren der mächtigste Mann des Bistums geworden und durchaus attraktiv mit seinem schmalen, einprägsamen Gesicht, dem markanten Kinn, schwarzem Haar und Bart. Dass ihn während seiner Ausbildungszeit in Rom jeder für einen Italiener gehalten hätte, ist kein Zufall: Seine Mutter ist eine Medici-Enkelin. Aber auch seine Geliebte stammt aus einer der besten Familien hier, der Vater ein erfolgreicher Kaufmann und beliebter Kommunalpolitiker, die Mutter ebenfalls aus einem guten Salzburger Haus. Neben Ansehen, äußeren Reizen und inneren Werten hat sie auch noch Vermögen zu bieten: Ihre Familie besitzt verschiedene Häuser in Salzburg. Er allerdings wohnt zu dieser Zeit schon am elitärsten Platz der Stadt – in der Residenz. Das entsprach ihm durchaus, denn er hat sehr viel Sinn für Schönheit. Den hat er umso mehr entwickelt, als in seinem Elternhaus die finanziellen Mittel äußerst knapp waren, Anspruch und Selbstbewusstsein hingegen sehr hoch. Jeder wusste, dass er ein machtlüsterner Mann war, erbarmungslos autoritär; kein Zufall, dass er für Machiavells Fürstenlehrbuch »Il Principe« schwärmte. Sie hingegen war bekannt für ihr sonniges, heiteres, verständnisvolles Wesen, das überall um Ausgleich bemüht war. Wann und wo sie sich trafen, wusste keiner so genau. Es hieß, die Liaison von Salome Alt und Wolf Dietrich von Raitenau habe bereits begonnen, als er noch Domherr war, also noch vor seiner Ernennung zum Fürsterzbischof. Auch darüber, wo die beiden sich kennen gelernt hatten, wurden in ganz Salzburg Mutmaßungen angestellt. Manche behaupteten, es sei bei einer Hochzeitsunterhaltung auf der Stadttrinkstube geschehen. Und es wurde gemunkelt, er habe sie von dort aus gleich zu sich heimgenommen. Es hielt sich zudem das Gerücht, der ebenso fromme wie lüsterne Raitenau habe seine Geliebte im Herbst 1586 – noch vor Salomes achtzehntem Geburtstag – heimlich geheiratet, getraut von Johann Anton Graf Thun. Der, ein Freund Raitenaus, selbst Domherr und dem Liebhaber zu Dank verpflichtet, habe den beiden im Namen Gottes das Sakrament der Ehe gestiftet, was unter diesen Vorzeichen zwar höchst anfechtbar war, aber trotzdem das Gewissen der jungen Salome beruhigt haben könnte. Außer denen, die sich das Maul zerrissen über diese gotteslästerliche Verbindung und denen, die sehnlich darauf warteten, dass den ehrver-

Glanz ohne Makel
Der Festsaal von Schloss Mirabell (hier bei einem der Schlosskonzerte 2002), das »Altenau« genannt wurde, als 1606 Salome Alt, die Geliebte des Fürsterzbischofs von Raitenau, hier einzog. Dessen Nachfolger löschte die Erinnerung aus und nannte das Schloss Mirabell.

Glück mit Makel
Salome Alt (1568–1633) verlor durch ihre Liebe die bürgerliche Ehre, wurde von ihrer Familie verstoßen und schließlich aus der Heimat vertrieben.

Glanz mit Nimbus
Das Standesamt im Schloss Mirabell ist das begehrteste Europas – wer es sieht, versteht das. 1721–1726 verlieh ihm Johann Lukas von Hildebrandt seine barocke Gestalt und entwarf das glanzvolle Treppenhaus. (nächste Doppelseite)

Paradies für Liebende
Der Schlosspark ist wieder, was er einmal war. Seine heutige Gestalt ist vor allem Erzbischof Johann Ernst von Thun (1687–1709) zu verdanken, den französische Vorbilder beflügelten. Die Marmor-Gnome, die dem so genannten Zwerglgarten seinen Namen geben, hatte sein Nachfolger, Fürst Harrach, der sich als erster Erzbischof in Salzburg Hofzwerge hielt, nach Kupferstichen von Jacques Callot anfertigen lassen.

gessenen Diener des Herrn bald die himmlische Strafe ereilen möge, gab es immer Menschen, die auch die Vorteile dieser Beziehung erkannten. Als Raitenau sein Amt angetreten hatte, war er nicht nur mit Worten ein fanatischer Vertreter der Gegenreformation, der sich – in seiner Position absolut ungewöhnlich – als Bußprediger auf die Kanzel stellte. Er verfolgte die Andersgläubigen auch mit drakonischen Strafen, ließ hinrichten, enteignen, verbannen. Die Wiedertäufer entgingen seinem mörderischen Eifer selten, die Protestanten flohen aus Salzburg. Doch dann schien es, als werde er etwas milder, nachsichtiger den Lutheranern gegenüber. Das mochte seine Gründe in Salomes Einwirkung haben, aber auch in Raitenaus pragmatischem Denken. Zügig hatte er Salzburg in eine Großbaustelle verwandelt, über fünfzig Häuser hatte er gekauft und abgerissen, um sie durch Paläste zu ersetzen. Diese kühnen Pläne zur Umgestaltung der Stadt mussten schließlich finanziert werden. Seine neuen Ideen, das Schul- und Gesundheitswesen zu reformieren, verschlangen ebenfalls hohe Summen. Und Geld kam in die Hofkasse vor allem aus dem Bergbau, vom Handel mit Erzen und dem weißen kostbaren Stoff, dem der Ort seinen Namen verdankt – dem Salz. Ausgerechnet die Knappen aber, dieses schwer ersetzbare Fachpersonal, waren großenteils Protestanten. Und nachdem Raitenaus Missionierungsversuche nicht griffen, musste er sie wohl oder übel gewähren lassen, wollte er nicht seine eigenen Vorhaben gefährden. Was hier, vor Ort, geschah, war ihm wichtiger als die große Politik. An den Türkenkriegen Kaiser Rudolf II. gedachte er sich deswegen ebenso wenig zu beteiligen wie an der Katholischen Liga. Es sah so aus, als sei es dem Fürsterzbischof bei allem Machthunger egal, wie und wo er sich Feinde schaffte, ob das Herrscher waren wie der Bayernherzog Maximilian I. oder die strenggläubigen Katholiken in seinem Bistum. Denn auch die provozierte er ungeniert. Anfangs hielt er seine Liebschaft mit Salome Alt noch halbwegs geheim mit Hilfe von Vertrauten wie dem Diener Janschitz und mit Tricks wie aus billigen Romanen. Salome wohnte zwar in der Residenz. Aber in jenem abgeschlossenen Trakt, der direkt an die Franziskanerkirche in der Sigmund-Haffner-Gasse grenzt. Abends, wenn die offiziellen Termine erledigt waren, öffnete der Bischof einen großen Schrank, stieg hinein – und auf der Rückseite wieder hinaus in Salomes Wohnung. Bald aber gab er solche Versteckspiele auf. Vielleicht auch, weil er dieses Leben im Verborgenen seiner Geliebten nicht zumuten wollte, die schon 1593 einen Sohn von ihm geboren hatte, getauft auf den siegessicheren Namen Hannibal – das erste von insgesamt fünfzehn Kindern, bei denen der ergebene Janschitz Taufpate spielte. Dann traf den Mann, der seinen Lebenswandel nicht sündiger als den der zahllosen mätressenreichen Päpste befand – im Gegensatz zu denen war er ein treusorgender Familienvater, das erste Unheil: sein zweitgeborenes Kind, die kleine Maria Salome, starb 1605. Und die Eltern ließen das Kind nicht etwa heimlich begraben, nein: Inmitten der ehrwürdigen Äbtissinnen des Klosters Nonnberg wurde ihr in der mittleren Vorhalle, unter dem Nonnenchor, ein Grabmal gewidmet, ein großes aufwendiges Relief. In rotem Marmor wurde dort die kleine Tochter verewigt und zwar im Gewand einer Oblatin des Benediktinerinnenordens. Doch Raitenau wagte sich mit seiner

Liebschaft und deren Folgen noch weiter ins Licht der Öffentlichkeit. Damit die Schlossherrin samt Sippe auch über den angemessenen Stand verfügt, verleiht der geistliche Herrscher seiner Geliebten und den gemeinsamen Kindern die Landsassen- und Adelsfreiheit. Salome findet das durchaus richtig. Zumal sie spürt, dass die Situation für ihren Geliebten zunehmend prekär wird – und damit auch für sie und den Anhang. Umsichtig wie sie ist, verzichtet sie darauf, die Öffentlichkeit zu reizen, geht mit den Kindern fast nur noch im Park von Altenau spazieren, nicht mehr in der Stadt. Und sie sorgt vor: An einem Sommertag im Jahr 1609 setzt sie sich an ihren Schreibtisch und verfasst einen Brief an den Kaiser. Selbstbewusst bittet sie darum, auch offiziell von ihm den Adelstitel verliehen zu bekommen, denn sie habe schließlich »bei einer fürnemen geistlichen Person, welche dem hl. römischen Reich und der kais. Majestät höchstlöbl. Haus Österreich nicht wenig gedient, etliche Kinder Mannes- und Weibsstammes, deren eltiste zwei mit Namen Hannibal und Helene ledigs Stand erzeugt und geboren«. Der Kaiser ist ihrer Ansicht. Und man könnte meinen, der Skandal sei nun sanktioniert und die beiden könnten in Frieden alt werden in ihrer Idylle an der Salzach. Doch nur zwei Jahre später findet das Glück der Familie ein jähes Ende. Raitenau überzieht: er riskiert einen Handstreich gegen die Salzstadt Berchtesgaden. Am 11. Oktober 1611 besetzt er den Ort und lässt die Holzausfuhr nach Bayern sperren. Das ist ein dreister Affront gegen den bayrischen Herzog, der den eigensinnigen Fürstbischof ohnehin nicht ausstehen kann. Und wenn es ums Salz geht, versteht hier keiner auch nur den geringsten Spaß. Der Bayernherzog hat ein Heer von 24 000 Soldaten, der Fürstbischof kann nur 13 000 bieten. Das Domkapitel nötigt Raitenau zur Abdankung. Wolf Dietrich sorgt sich vor allem um seine Familie und drängt zur Flucht. Salome packt und verlässt am 23. Oktober wie eine Fürstin ihre Heimatstadt; fünf Wagen, gezogen von den besten Pferden des Bischofs, beladen mit Kostbarkeiten, besetzt von ihrer Familie und einem ganzen Hofstaat an Personal. Doch vier Tage danach wird sie mit fünf ihrer Kinder inhaftiert – der Pfleger von Radstadt möchte dem Domkapitel gerne gefällig sein. Raitenau flieht ebenfalls, erreicht das habsburgische Kärnten, wird aber am 27. Oktober von Soldaten aus der Postkutsche gezerrt, verhaftet und eingesperrt auf der Festung Hohenwerfen. »Lieb ist Leids Anfang über kurz oder lang«, schreibt er in seinem ersten Verlies an die Mauer. Dann wird er in der Feste Hohensalzburg eingekerkert. Und was nun geschieht, ist ein Drama von alttestamentarischer Wucht, ein Spiel von Rache und Gnade, von Vergelten und Vergeben. Raitenaus Nachfolger im Amt wird sein eigener Vetter, Marcus Sitticus von Hohenems, ein weichlicher, aber gerade darum gnadenloser Pedant. Er führt kein offenes Liebesleben, sondern das gottgefällige Doppelleben: Statt einer Frau, zu der er sich bekennt, hält er sich dezent zwei gut verheiratete Mätressen, statt für deren Kinder zu zahlen, zahlt er für deren Eitelkeit: 70 000 Gulden – ein Vermögen – kassieren die ortsansässigen Goldschmiede von ihm für den Schmuck und andere Preziosen in den sieben Jahren seiner Regentschaft. Die Erinnerung an den Vorgänger versucht er zu tilgen; Altenau, diesen sündigen Ort der Lust, benennt er in »Mirabell« um, sich selbst baut er in Hellbrunn ein neues Lustschloss. Salome kommt unter in Wels, bei Christoph Weiß, dem Mann ihrer Cousine Felicitas Alt – beide Opfer von Raitenaus religiösem Eifer. Den Protestanten Weiß hatte er verbannt, der Katholikin Alt verboten, den Protestanten zu heiraten. Und als sie es in Wels dennoch tat, verbot er die Ausfuhr ihrer Mitgift. Diese beiden retten nun Raitenaus kinderreiche Geliebte. Bringen die ganze Familie zuerst bei sich im Haus unter und verschaffen ihr dann ein eigenes Anwesen im Ort. Ihr Liebhaber hingegen erfährt keinerlei Milde: Sein Vetter, der ihn früher um Geld angepumpt hat, denkt nicht dran, den Gefangenen zu entlassen. Umso mehr als er spürt, dass Raitenau trotz aller Fehltritte bei den Leuten in Salzburg beliebter ist als er. Und die Beliebtheit wächst mit der Grausamkeit des neuen Machthabers gegen seinen prominenten Häftling. Verschiedene Befreiungsversuche scheitern, die Fluchthelfer werden geköpft. Und die Fenster zu Raitenaus Verlies vernagelt. Dessen Bittbriefe an den Papst fangen die Wachen und Häscher von Marcus Sitticus ab. Und schließlich zerbricht der stolze Mann, verendet reuig und kläglich. Seine Geliebte stirbt, einsam und vergessen, erst siebzehn Jahre danach. Niemals vergessen aber wird ihre Liebe – Skandal und Märchen zugleich. Nicht alle Märchen enden gut.

Gedenkstätte für einen Liebenden
Die Gabrielskapelle auf dem Friedhof von St. Sebastian, Mausoleum des Erzbischofs Wolf Dietrich von Raitenau. Bei aller Liebes- und Lebenslust dachte er früh an den Tod – schon mit 38 Jahren, im Jahr 1597, begann er damit, sich nach den Plänen von Elia Castello diesen frühbarocken Zentralbau errichten zu lassen. Ein Gedenkstein erinnert dort an seinen Diener Janschitz, Taufpate der unehelichen Kinder.

Café Tomaselli

Alter Markt 9

Der Skandal muss über Nacht inszeniert worden sein. Fassungslos starren die Salzburger auf das vertraute Haus am Alten Markt. Es geht nicht um den PX-Laden hier, zu dem ausschließlich die Angehörigen der US-Armee Zutritt haben und vor dem die Kinder um Kaugummi oder Schokolade betteln. Es geht um die Nr. 9. Die Salzburger, ob dreißig oder achtzig, sind empört, verletzt, wütend. Nein, daran werden sie sich nicht gewöhnen. Dass sie abends um halb zehn zu Hause sein müssen, wenn sie nicht inhaftiert werden wollen. Dass jeder ein paar Worte englisch zu können hat – viele haben es mit dem täglichen Grundkurs in den »Salzburger Nachrichten« gelernt. Dass dröhnende Jeeps in den engen Altstadtstraßen an den Mauern schrappen und Männer in pastellfarbenen Jacketts und grellfarbigen Krawatten durch ihre Stadt spazieren, wenn sie die Uniform für ein paar Stunden ablegen. Die Amerikaner sind schon ein Jahr da, seit dem 4. Mai 1945. Das Rad der Fortuna hat sich seither sichtbar gedreht: die vorher besonders viel zu sagen hatten, müssen jetzt die Straßen putzen und Schutt schippen. Aber es heißt, alles soll wieder werden wie früher. Und manches sieht ganz danach aus: Der streng katholische Franz Rehrl, ehemaliger Landeshauptmann, den die Nazis fünf Tage nach dem Aufstand vom 20. Juli 1944 in Deutschland als Kollaborateur verhaftet und zuerst im KZ Ravensbrück, dann im Berliner Gefängnis Moabit eingekerkert hatten, ist schwer krank wieder heimgekehrt. Mit einem Festzug haben die Salzburger ihn empfangen. Er ist wieder da in seiner Villa in der Bürglsteinstraße 4. Die Welt kommt wieder in Ordnung. Auch die Welt der Festspiele. Deswegen muss das »Roxy«, das amerikanische Truppenkino, aus dem Festspielhaus weichen. Jetzt, ein Jahr nach Kriegsende, soll nach neun Jahren Pause wieder der »Jedermann« gespielt werden vor dem Dom und Helene Thimig, die Witwe des vertriebenen Max Reinhardt, wird wieder den »Glauben« darstellen. Ihr Bruder, Hermann Thimig, wird wie vor zwanzig Jahren in der Felsenreitschule den Truffaldino spielen in Goldonis »Diener zweier Herren«. Er wird sich die Nudeln mit der Hand von oben ins weitaufgerissene Maul fallen lassen, genau so, wie Reinhardt das Stück inszeniert hatte und wie es wegen dieser Nudelszene in die Theatergeschichte eingegangen ist. Zur Eröffnung der ersten Nachkriegs-Festspiele, am 1. August, wird Mozarts »Don Giovanni« gegeben mit einer Starbesetzung, am 10. dann »Le Nozze di Figaro« in einer Inszenierung von Oscar Fritz Schuh. Kammerkonzerte sind angekündigt und sogar Domkonzerte, obwohl der schwer zerbombte Bau nur zum Teil genutzt werden kann. Deutsche werden bei den Festspielen fast gar nicht zu sehen sein, weil die Einreise erbarmungslos erschwert wurde, dafür sicher Amerikaner und Engländer. Die Einheimischen können es sich kaum leisten, ein Festspielticket zu kaufen, umso mehr brauchen sie andere Vergnügungen. Seit Jahresanfang 1946 haben die Salzburger ja eine ihrer wichtigsten Institutionen für Lebensfreude wieder: Ober Fritz, der jahrelang zum bürgerlichen Karl Wiltner degradiert war, serviert wie früher einen Einspänner, eine Melange oder einen Großen Braunen im wieder eröffneten Café Bazar. Sein Schnurbart ist weiß – er ist mittlerweile 64, jedoch ganz der alte, und das »Bazar« ist ebenfalls das alte geblieben. Oben auf dem Mönchsberg wird ein neuer Platz zum Kaffeetrinken gebaut; ein mondänes Etablissement soll dort entstehen mit prächtigem Blick über die ganze Stadt, das »Grand Café Winkler«. Kaffeehäuser sind für die Salzburger nun mal genauso wie für die Wiener unverzichtbarer Bestandteil des Lebens

Ausnahmecafé
Das Café Tomaselli am Alten Markt gehört zu den traditionsreichsten Kaffeehäusern der Welt. Kein Wunder, dass die Salzburger sich empörten, als US-Soldaten 1946 den Balkon mit einem Banner verhängten, auf dem stand: »Forty Second Street Café«.

Ausnahmewirt
Der »hochfürstlich Hoff befreyte Caffee Süder und Chocolat-macher« Anton Staiger (1719–1781, hier in einem Porträt von Freiherr von Firmian) hatte Rhetorik an der Salzburger Universität studiert und 1764 ein Café eröffnet. Mozart nannte ihn blödelnd den »heiligen Ascenditor«, womit er den Konditor mit dem Namen Staiger verballhornte: das lateinische »ascendere« heißt auf deutsch steigen.

– wenn das Leben etwas taugen soll. Kaffeehäuser haben einen Status, der mit dem von Kirchen zu vergleichen ist. Deswegen stehen die Salzburger jetzt auf dem Alten Markt und starren auf das Haus Nr. 9. Dass sie auf dem Balkon GIs sitzen sehen, die ihre Stiefel aufs Geländer, den Tisch oder den Stuhl gegenüber legen und Coca Cola trinken, daran haben sie sich ja gewöhnt. Doch jetzt hängt an diesem Balkongitter über die gesamte Breite ein rotes Banner. »Forty Second Street Café« steht so groß und auffallend drauf, dass man beinahe übersehen würde, was dahinter an der Fassade zu lesen ist: »Café Tomaselli gegr. 1705«. Jeder soll offenbar merken, dass dieses kostbare Stück Salzburg, das älteste Kaffeehaus der Stadt, von der Besatzungsmacht in Beschlag genommen ist. Die haben doch keine Ahnung, dass die Aufschrift gar nicht stimmt, denn das 1700 gegründete Kaffeehaus, damals noch in der Goldgasse, nannte sich ab 1764 hier »Staiger'sches Coffeehaus«. Und dass in diesem Haus Mozart zu Gast war, auch wenn er gelästert hat über Herrn Staiger, »den Patron des brennsupen Cóffé, der schimmlichten Limonade, der Mandlmilch ohne mandeln, und insonderheitlich des Erdbeer gefrornen voll eys-brocken.« Der damalige Besitzer, Anton Staiger, hatte neben umfangreicher Bildung und viel Sinn für die Musik auch einen öffentlichen Billardtisch zu bieten, an dem sich der spielsüchtige Mozart allerdings seltener gezeigt haben dürfte, als es ihn gekitzelt hätte, weil hier dauernd Hofschranzen lurten, um zu petzen. Auch dass hier im Staiger-Haus Theaterstücke aufgeführt worden sind »über vier Stiegen«, wie Leopold Mozart vermeldete – und dass für den überaus beliebten Staiger 1781 ein prächtiges Begräbnis mit festlichem Requiem in St. Peter zelebriert worden ist, das haben die Amerikaner bestimmt noch nie gehört. Und erst recht nicht, welche Weihestätte das Café für jeden Mozartliebhaber ist, denn hier hat der zweite Mann von Constanze Mozart, der dänische Etatsrat Nissen, Tag für Tag an seiner Mozartbiografie geschrieben. Ausgerechnet solche Ignoranten beschlagnahmen nun das »Tomaselli«. Die Salzburger sind entrüstet. Erst 1950 wird das Café wieder freigegeben für die Öffentlichkeit und gehört dann wieder ganz den Salzburgern.

Ausnahmeerscheinung nach Ladenschluss
Die Stühle im historischen Innern sind ganzjährig hart umkämpft. Seit dem 19. Jahrhundert ist das Café im Besitz der Familie Tomaselli.

SCHAUPLATZ
des Dramas

»Werke ... auszugraben und auszustellen, ohne sie wieder beleben zu können, ist Leichenschändung oder um es höflicher auszudrücken die Sache von Museen oder Hoftheatern.«

Max Reinhardt

Schauplatz des Dramas

Die eigentlichen Dramen spielen sich nicht auf den Bühnen ab, sondern in Wohnhäusern, auf Schlachtfeldern oder auf Gerichtsstätten. Das gilt natürlich auch für Salzburg. Aber zugleich zeigt sich dort, dass die Spielfreude keine Grenzen kennt, weder zeitlich noch räumlich. Kinder können bereits Theater spielen und Greise können es auch noch. Kinder spielten den »Jedermann« schon in den ersten Jahren auf der leeren Bühne nach, und Bernhard Minetti begeisterte das Salzburger Festspielpublikum noch als alter Mann. Das Theater hat in Salzburg überall seinen Raum, seinen Spielraum erobert, nicht nur in den offiziellen Bauten und Sälen. In Salzburg wurden und werden Dramen im Grünen aufgeführt wie im einstigen Heckentheater von Schloss Mirabell, zwischen Felsen wie im Steintheater von Schloss Hellbrunn, in Gotteshäusern wie dem Dom oder der Kollegienkirche, auf Plätzen wie dem vor dem Dom, in einer ehemaligen Reitschule, in der Aula der Universität, in Privathäusern wie dem Robinighof und in Kaffeehäusern wie dem Tomaselli. Selbst im barocken Ballhaus wurde nicht etwa getanzt, sondern entweder Tennis gespielt oder Theater. Die Begeisterung fürs Dramatische hat in Salzburg immer auch die Laien gepackt: Hier gab es Priester, die Dramen schrieben und Schullehrer wie Hans Demel, der sich Seebach nannte und mit seinem Stück »Die Glockenspielkinder« einen Theaterskandal für sich verbuchen konnte – er beschimpfte die Salzburger darin als Banausen und das ließen sie sich vor hundert Jahren so wenig gefallen wie heute. Überall fühlten sich Professoren, die viele Dramen gelesen hatten, versucht, selbst welche zu verfassen. In Salzburg erlagen dieser Versuchung besonders viele: 79 Autoren sind für das Universitätstheater nachweisbar, darunter auch einige, deren Stücke es lohnen würde, sie der Vergessenheit zu entreißen. Salzburg hat bereits im 19. Jahrhundert große dramatische Talente angezogen, Stars vom Wiener Burgtheater zum Beispiel wie den Publikumsliebling Alexander Girardi und Katharina Schratt, offizielle Mätresse von Kaiser Franz Joseph. Doch gleichzeitig hat Salzburg auch immer schon die Laien inspiriert, selber auf der Bühne zu stehen. Über 1850 Menschen jeden Alters sind heute in Land und Stadt Salzburg in insgesamt 151 Theatergruppen aktiv, in Salzburg allein 37 Gruppen, und sie werden nicht müde, sich immer neue Spielorte zu erschließen – ob das ein ausgedientes Kino in der Linzer Gasse ist oder das Untergeschoss der Elisabethkirche im Stadtteil Itzling. Keiner hat lebendiger vorgeführt, dass überall Platz für eine Bühne ist, wie der Festspielgründer Max Reinhardt. Er war es, der den Platz vor dem Dom und die Felsenreitschule zur Szene werden ließ, und er hat auch draußen, in seinem Schloss Leopoldskron, jeden Raum, von der Kapelle bis zur Bibliothek, von der Garteninsel bis zum Marmorsaal dramatisch belebt mit einer kindlichen Lust. »Theater«, hat er gesagt, »ist der seligste Schlupfwinkel derjenigen, die ihre Kindheit heimlich in die Tasche gesteckt und sich auf und davon gemacht haben, um bis an ihr Lebensende weiterzuspielen«. Dass in Salzburg ungewöhnlich viele Theaterskandale über die Bühne gegangen sind und die Publikumsempörungen bei den Festspielen selten der Oper gegolten haben, spricht für den Schauplatz Salzburg, nicht gegen ihn. Eine Stadt mit so viel reicher Tradition ist stets in Gefahr, in der Pflege des Gestrigen zu erstarren. Das Drama aber war und ist hier der Stachel im Fleisch. Und die Theatermacher, ob es die Intendanten, Regisseure oder Dramatiker sind, können sich, wenn das Publikum sie ausbuht, trösten mit Max Reinhardts gelassener Erkenntnis: »Es gibt Abende, an denen nicht das Schauspiel, sondern das Publikum durchfällt.«

Die Wandlungen des »Jedermann« Klein, schmächtig, mit singender Stimme bannte der Triester Alexander Moissi (1880–1935) als erster »Jedermann« im August 1920 das Publikum.
Peter Simonischek übernahm die Titelrolle in Hofmannsthals Festspielklassiker zum ersten Mal 2002 – in einer Neuinszenierung von Christian Stückl – und spielte ihn zeitgemäß als lebensgierigen und gewinnsüchtigen Materialisten, der so lange es geht der Sinnfrage entflieht – in die Arme Gleichgesinnter (nächste Doppelseite).

Der »Jedermann« als Experimentierfeld
Dass Hofmannsthals berühmtestes Werk die Tiefe eines Mysterienspiels besitzt und in buddhistischen sowie hinduistischen Riten wurzelt, macht es zum Dauererfolg jenseits aller Moden und Trends. »Dieses Spiel«, schrieb der Dichter selbst acht Jahre nach der Uraufführung stolz an Alma Mahler, »wurde zum Mittelpunkt, zum Symbol der Festspiele.«
Die Deutbarkeit des Stücks ist Chance und Gefahr für jeden Regisseur. Christian Stückl zeigt – in der Inzenierung von 2002 mit Veronica Ferres – die Buhlschaft als eine selbstbewusste, egoistische Frau, die auch mit dem Personal flirtet und dem Geliebten klarmacht: »Beim Sterben ist nun mal jeder allein.« Der Tod (Jens Harzer) ist kein bedrohliches Gerippe, sondern ein krächzender Saboteur im hautfarbenen Trikot, und die »Stimme des Herrn« wird zum ersten Mal als Gestalt greifbar auf der Bühne: Gott (Hans-Michael Rehberg) tritt auf als alter bärtiger Jude mit blutenden Stigmata.

Jedermann-Bühne Domplatz

Der Tag, an dem sein Traum wahr werden soll, ängstigt den Träumer meist. Weil er weiß, dass die Chancen gering sind, alles in der Wirklichkeit so vollkommen zu erleben wie in der Phantasie. Max Reinhardt ist nervös an diesem 22. August 1920. Er, der hier am Theater als junger Schauspieler die ersten Erfolge einheimsen durfte, ist nun als Zauberer in die Stadt gekommen, der alle in Bann schlagen will mit Festspielen, wie die Welt sie nicht kennt. Er wird sie eröffnen mit einem Stück seines Freundes Hugo von Hofmannsthal, das nicht gerade nach Festfreude klingt: »Jedermann. Das Spiel vom Sterben des reichen Mannes«. Ist die Stunde des Todes das richtige Thema für die Geburt einer neuen Tradition? Ist es klug, die Raffgier abzukanzeln, wo viele reiche Gäste hier auf der Zuschauertribüne sitzen werden, die beachtliche Summen gezahlt haben für ihre Karten? Kann es überhaupt publikumswirksam sein, ein altes Mysterienspiel zu beleben, in dem der Herrgott spricht, der Tod und der Teufel auftreten? Ist es zukünftig, das Stück eines lebenden Autors zu bringen, das auf einem anonymen Text von 1490 basiert, der unter dem Titel »Everyman« in London erschienen ist, und auf der alten »Comedie vom sterbend reichen Menschen« des Hans Sachs? Und überhaupt: wollen die, die den Krieg und dessen Nachwehen kaum hinter sich gebracht haben, so viel Ernst geboten bekommen? Eine erstklassige Schauspielertruppe steht parat: Alexander Moissi, der in Berlin und Wien umjubelt wurde als Jedermann, der unerbittlich einprägsame Werner Krauss als Tod und Teufel, die leidenschaftliche Johanna Terwin, die Moissi erst letztes Jahr geheiratet hat, als Jedermanns Geliebte, als Buhlschaft, und den barock-düsteren Heinrich George als Mammon. »Die Glocken«, hört sich der Regisseur selbst überwältigt reden, »die Glocken müssen auch mitspielen. Mit dem Abendsegen werden sie Jedermanns Erlösung verkünden.« Nur: die vielen Glocken des katholischen Salzburg läuten dann, wenn es der Ritus befiehlt – Regisseure haben da nichts mitzureden. Und was, wenn sie ertönen, bevor Jedermann erlösungsbereit ist, mitten in seine Unbekehrbarkeit hinein? Es ist Viertel nach sechs. Reinhardt sitzt neben seinem Freund und Mitstreiter, dem Dirigenten Bernhard Paumgartner, in der Domkirche, auf dem Sängerchor hinter der Orgel. Von dort geht ein großes vergittertes Fenster auf den Platz, und die beiden können die Spielfläche überblicken – ein einfaches Podium direkt vor der Fassade des Doms. Was sie nicht sehen, ist die Stimmung im Publikum. Als beklommen wird sie eine Besucherin dieser ersten Aufführung später beschreiben: Die völlig neue und einmalige Situation, auf einem Platz mitten in der barocken Stadt zu sitzen und nun direkt vor einem Gotteshaus ein Theaterstück zu erleben, verwirrt. Die Sparsamkeit der Bühne, die Macht der barocken Monumentalfiguren als steinerne Mitspieler, die ernste Feierlichkeit an einem Hochsommerabend im Freien – all das befremdet. Die Fanfarenstöße erklingen, der Spielansager tritt auf. In der ersten Reihe hängt eine eigentümliche kleine Gestalt im Sessel, trotz der sommerlichen Temperaturen eingewickelt in einen übergroßen schweren Lodenmantel, die Kapuze hochgezogen. Plötzlich springt sie auf, wirft den Mantel von sich und springt auf die Bretterbühne, dass es kracht. Der Jedermann ist einer von euch, heißt das – er ist jedermann – und es wird verstanden. Wie er nun da steht mit den wilden kinnlangen Locken, den runden großen Augen, den dünnen Beinen, die aus dem kniekurzen pelzbesetzten Gewand ragen, hat er etwas Kindliches. Dabei ist Alexander Moissi schon vierzig. Es klingt italienisch, wie der Mann aus Triest da oben die deutschen Verse spricht. Reinhardt und Paumgartner sehen, dass sich die erbarmungslose Pro-

Die Welt als Narrenhaus
In Gernot Friedels Inszenierung des »Jedermann«, die 2001 zum letzten Mal gespielt wurde, tritt der Spielansager im Kostüm eines Narren auf.

Das Schicksal als Volksstück
Auch das Plakat des ersten »Jedermann« von 1920 zeigt, wie alt die Thematik ist – Hofmannsthals Vorlage war der »Everyman« von 1490.

benarbeit gelohnt hat. Alles funktioniert. Sie sehen, wie die Schauspieler aus dem Kirchenportal treten und wieder darin verschwinden – mit Erlaubnis des kunstverständigen Erzbischofs. Leider sehen sie auch, dass im Westen ein Wetter heraufzieht. Beide wissen, dass die Unwetter in Salzburg Elementarereignisse sind. Und dann sinkt Jedermann endlich in die Knie. Hält das Wetter so lange noch durch? Moissi spricht das Vaterunser, mit dieser singenden, sirrenden Stimme, der die Menschen verfallen. Und als er um Vergebung bittet, bricht durch die schwarzen Wolken ein sanftes goldenes Abendlicht. Die Turmspitzen leuchten und die Tauben fliegen auf und steigen in diesen magischen Himmel hinein. Reinhardt ist stumm. Er fragt sich, beklommen und zugleich erlöst, ob er das als ein gutes, ein göttliches Omen werten darf. Und denkt nicht weiter darüber nach, wie oft ein Regenguss die Gäste verjagen wird, wie viele Schauspieler sich einmal um Moissis Nachfolge rangeln und welche Einfälle andere Regisseure an diesem Volksstück erproben werden. Und dass er 1938 jenen Kontinent verlassen wird, dessen berühmteste Festspiele er gerade eröffnet hat.

Die Stadt als Bühne
Als Atrium für den Dom 1595–1605 erbaut, bietet sich der Domplatz geradezu an für symbolisches Theater. Christian Stückl, Regisseur der neuen Inszenierung des »Jedermann«, wurde bekannt als Erneuerer der Oberammergauer Passionsfestspiele. Er will Salzburgs Herzstück wieder dahin bringen, wo es herkommt: zum Volk. Die Gäste an Jedermanns Tafel sind keine geschmeidigen Eleven, sondern Dicke wie Dünne, Alte wie Junge, Hässliche wie Schöne. Die Buhlschaft ist ein Vollweib, der Jedermann ein österreichischer Publikumsliebling. Auf teure Bühneneffekte wird verzichtet, die barocke Domfassade findet Stückl effektvoll genug.

Schloss Hellbrunn

Fürstenweg 37

Der späte August gilt, was das Wetter angeht, noch als einer der sichersten Monate im regenreichen Salzburg. Dem Gastgeber ist es also nur recht, dass sich seine Besucher Ende dieses Monats angesagt haben. Denn sie sind verwöhnt: Ferdinand ist Kollege, also Erzbischof und Kurfürst von Köln, Albrecht ist Herzog von Bayern und Mechthild ist seine anspruchsvolle Frau. Salzburgs Fürsterzbischof organisiert ein perfektes Programm mit Tanzvorführungen, Galadiners, Paraden, Konzerten, Bällen und Ausflügen. Am 31. August kehren die Gäste von der Gemsenjagd aus Berchtesgaden zurück nach Salzburg und wissen noch nicht, dass sie nun erst der Höhepunkt erwartet, denn ihr Gastgeber sieht nicht nach lustvollen Einfällen aus. Immer ist sein Blick verhangen, selten entkommt ihm ein Lächeln. Er ist ein melancholischer Mann, dem es schwer fällt, Menschen für sich zu gewinnen, schon weil er grob mit ihnen umspringt und sich jeden Widerspruch verbietet. Keiner außer den bezahlten Schleimern würde ihm einen liebenswürdigen Charakter unterstellen, denn er gleicht seine körperliche und geistige Schwäche, seine Feigheit und Weichlichkeit mit Hochmut, Zynismus und Jähzorn aus. Doch er besitzt Macht und damit die Möglichkeit, sich dennoch Gesellschaft zu verschaffen. Einsam und unbeliebt wie er ist, nötigt er also prominente Gäste zu sich, Fürsten, Erzbischöfe, Prinzen, Diplomaten, die mit ihm sein Vergnügen teilen müssen. Dieses einzige Vergnügen, das für ein paar Stunden wenigstens die Schatten aus seiner Seele treiben kann, ist das theatralische. Ihm ist ziemlich gleichgültig, wie und wo gespielt wird und worum es geht. Dramatisch, laut, bunt und spektakulär muss es sein, damit es beim Erzbischof Marcus Sitticus von Hohenems die erwünschte stimmungsaufhellende Wirkung zeitigt. Maskeraden oder aufwendige Prozessionen, Dramen auf der Bühne oder Tierhatzen im Freien. Und viele der berühmten, reichen oder einflussreichen Zeitgenossen sind derart von Langeweile geplagt, dass ihnen die Spektakel in Salzburg eine Reise wert sind. Auch wenn der Fürsterzbischof weder über Charisma noch über Humor verfügt, verfügt er doch über eine überbordende Phantasie und das Geld, diese in Szene zu setzen. Marcus Sitticus, eigentlich als Merk Sittich 1574 im Schloss Hohenems als zweiter Sohn des Reichsgrafen Jakob Hannibal von und zu Hohenems und dessen Frau Hortensia Borromeo geboren, ist mehr als zur Hälfte Italiener. Denn seine Großmutter, die Mutter seines weltgewandten und gut aussehenden Vaters, heißt Chiara de Medici. Und Merk alias Marx oder Marcus findet den Lebensstil in Italien den einzig erstrebenswerten. Dazu gehört nicht nur die Villa suburbana, der elegante Zweitwohnsitz außerhalb der Stadt, sondern auch die Leidenschaft fürs Theater. Seit er seine Studienzeit in Rom und Bologna verbracht hat, ist die Sehnsucht des ängstlichen, äußerlich wenig eindrucksvollen Merk nach dieser selbstbewussten Art des Auftretens noch größer geworden. Jetzt, als er eine Position errungen hat, die ihm alles erlaubt, will er in Salzburg beides haben: Villa suburbana und Theater an verschiedenen Schauplätzen zu allen Jahreszeiten und Gelegenheiten. Marcus Sitticus weiß, dass man nicht nur die Gäste, sondern auch die Darsteller bei Laune halten muss. Und deswegen steckt er denen, die sich in der Karfreitagsprozession besonders eindrucksvoll geißeln lassen, und auch den schwitzenden, ächzenden Kreuzschleppern einen Sonderbonus zu. Damit Farbe in die feierlichen Umzüge kommt, schreibt er für die Bruderschaften dekorative Kutten vor in Purpur, Violett oder Orange und trägt selber bei der Fronleichnamsprozession – einer Art mobilem Theaterfestival mit den Szenen der Passion – ein leuchtend rotes Büßergewand. Auch die Gelegenheit,

Liebhaber der großen Geste
Die Kutschenauffahrt zu Schloss Hellbrunn verrät nicht eben geistliche Weltentsagung. Erzbischof Marcus Sitticus von Hohenems (1574–1619) wollte Zeitgenossen und Nachwelt beeindrucken – und ließ seine Schlossanlage von Donato Mascagni im Jahr 1618 auf seinem Porträt mit verewigen.

an Fastnacht mit aufwendigen Unterhaltungen anzugeben, nutzt der schwermütige Bischof exzessiv. Er veranstaltet Schlittenfahrten in Maske und Kostüm, Stadtumzüge, wo Schimmel, geführt von Gott Neptun und seinen Tritonen, und Galeeren mit zwölf Rudern durch die Straßen ziehen. Aber offenbar erhellen besonders die blutigen Nummern sein dunkles Gemüt: Stierjagden und Tierhatzen, bei denen die vermummten Hofdiener einen Hirschen, einen Hengst oder auch mal Bären abschlachten, haben es ihm besonders angetan, und neben harmlosen Hirtenspielen machen ihm Märtyrerlegenden auf der Bühne viel Freude, wenn ordentlich gefoltert und gemordet wird. Anregender noch, wenn es schöne Frauen sind, die da auf der Bühne Todesqualen leiden. Marcus Sitticus selbst hat mit seinen vierzig Jahren so gar nichts Leichtes in seinem Wesen, doch sind ihm die Regeln des leichten Lebens vertraut. Frauen gehören unbedingt dazu. Der Fürsterzbischof verhält sich dabei aber vorsichtiger als sein Vorgänger Wolf Dietrich von Raitenau. Natürlich wird hinter vorgehaltener Hand darüber geklatscht, wie weit wohl seine Verehrung gehe für die schöne Barbara von Mabon, Frau seines Stadthauptmanns. Der achtsame Bischof bringt sie ganz formell mit Mann und Kindern in Schloss Emsburg unter, das er für sie vor den Toren der Stadt erbauen ließ. Dort, wo die Allee, die an dem Herrenhaus vorbeiführt, endet, errichtet er sich sein Lustschloss Hellbrunn. Und er gibt Barbara, geborene Blockh, und ihre hübsche Schwester Katharina, verheiratet mit dem Kanzler Perger, niemals als Geliebte aus, nie lässt er sie offiziell porträtieren, um die Bilder in seinen Räumen aufzuhängen. Nur in einer der Szenen, mit denen Mascagni das Oktogon, das achteckige Turmzimmer in Hellbrunn, ausmalt, wollen manche in dem Kavalier mit rotem Bart Marcus Sitticus erkennen. Und dieser Kavalier beugt anbetend das Knie vor einer schönen Dame mit teurem Diadem im Haar und überreicht ihr eine Nelke – eine rote Nelke. Marcus Sitticus ist auf der Hut und darauf bedacht, Provokationen zu vermeiden. Also lässt er in Hellbrunn ebenso wie in seiner Salzburger Stadtresidenz eine geheime Wendeltreppe einbauen, die diskrete Besuche ermöglicht. Ganz unauffällig allerdings setzt er doch seine Zeichen. Die große Steinfigur der Eurydike, die er für eine Grotte im Park von Hellbrunn anfertigen lässt, zeigt eine reizvolle

Liebhaber italienischer Grandezza
Nach dem Vorbild der italienischen »Villa suburbana« ließ Marcus Sitticus, wohl von dem Architekten Antonio Solari, 1613–1615 Schloss, Garten und Wasserspiele auf dem quellenreichen Baugrund vor Salzburg »zu seinem und seiner Nachfolger Vergnügen« anlegen.

Frau, die schlafend zu Füßen des unwiderstehlichen Orpheus liegt. Und sie hat angeblich die Züge der angebeteten Barbara von Mabon. Damit für Eingeweihte zu erkennen ist, wem die Gattin des Johann Siegmund von Mabon eigentlich gehört, trägt diese Eurydike um den Hals ein Medaillon mit dem Konterfei des Erzbischofs. Auch die Erotik und die Tatsache, dass Barbara recht auffällig ihren ältesten Sohn Marcus Sitticus nennt, ist eher nebensächlich im Dasein des Bischofs. Hauptsache ist das Theater. Er baut die Stadt, die Plätze, die Kirchen theatralisch aus. Er erweitert seinen Hofstaat zu einer bühnenwirksamen Truppe mit mehreren Sekretären, Leibärzten, Tapezierern, Garderobiers, Kammerdienern, Silberkämmerern, Stallmeistern, Pferdeknechten, Pferdewäschern und Kutschern, Ofenheizern, hauseigenen Metzgern, Köchen in verschiedenen Rängen und Spezialisierungen bis hin zum Pasteten- oder Zuckerbäcker. Und er imponiert in seinem eigentlichen Theater in der Residenz jedem Gast mit einer Bühnenausstattung, wie sie mit Sicherheit von keiner Bühne Italiens übertroffen wird, nicht einmal vom Teatro Olimpico in Vicenza. Alles, wirklich alles, was an Effekten derzeit bekannt ist, kann im Residenztheater des Salzburger Fürsterzbischofs vorgeführt werden: hier lässt man Blitze zucken und Donner grollen, Drachen und Vulkane speien, Höllenfeuer züngeln und Berge sich zu Abgründen öffnen, Engel, antike Götterboten oder gern auch mal den Herrgott vom Bühnenhimmel schweben. Und hier draußen im Park von Hellbrunn hat Marcus Sitticus etwas ohnehin Einzigartiges zu bieten – ein Theater, wie kein anderer es besitzt. Eigentlich braucht Marcus Sitticus weder ein weiteres Lustschloss – er hat ja Altenau übernommen und wie seinen Konstanzer Landsitz »Mirabella« getauft, angeblich nach einer Geliebten –, noch braucht er ein weiteres Theater. Aber er hat auf einer Italienreise in den Gärten, die zur Villa des Grafen Giusti gehören, Tuffsteingrotten und Wasserspiele gesehen und jetzt will er so etwas auch noch haben. In nur zwei Jahren steht seine Sommerresidenz fertig da und der Park ist ein Lustgarten von hohem Unterhaltungswert, wo in den Weihern schwarze und weiße Schwäne, seltene Fische und Schildkröten schwimmen, wo sich die Besucher in Heckenlabyrinthen verirren können, wo die Diener in Glashäusern Feigen und Trauben für die bischöfliche Tafel ziehen und wo es etwas Sensationelles gibt: ein Felsentheater im Freien. Die Natur bietet sich dazu förmlich an. Der bewaldete Felsrücken im Park hat den theaterverrückten Sitticus sofort inspiriert. Die Salzach hat nämlich den Felsen über Jahrhunderte hinweg ausgewaschen, die Bauarbeiter haben ihn dann als Steinbruch benutzt, als sie die Mauern hochzogen von Emsburg, Hellbrunn und Emslieb – dem Schlösschen für den verwöhnten Neffen und Vergnügungszeremonienmeister. Und diese Grotte sieht mittlerweile bereits aus wie ein Theater. Mit wenigen Eingriffen ist das Ganze perfekt geworden: ein breites flaches Riff und eine Felsplatte davor haben die Arbeiter stehen lassen als Podium, die Felsen gaben natürliche Türen für Auftritte und Abgänge vor. Unter dem gewaltigen Steinbogen, der noch weiter ausgebrochen wurde, finden bereits hundert Menschen Platz, in dem Raum zwischen Bogen und Felsenbühne können weitere 800 sitzen. Die prominenten Gäste, zurück von der Gemsenjagd, wissen bereits, dass Marcus Sitticus, frommer Diener Gottes, gute Einfälle hat. Sehr lustig finden alle, wenn er auf dem Platz vor Hellbrunn eine Pauseneinlage zwischen den Tierhatzen bietet: Küchenjungen schleppen lebende Gänse her, die in einem umzäunten Areal freigelassen werden, und dann dürfen die Burschen mit zugebundenen Augen die Gänse totprügeln. Wenn starke Männer da sind, lässt sich das Spiel auch mit Schweinen umsetzen, was noch lustiger ist. Marcus Sitticus kennt den Geschmack der hohen Herrschaften – es ist ja sein eigener. Er kann sich also sicher sein, dass seine Überraschung im Felsentheater gut ankommt. Vor allem da es sich um ein Musikdrama handelt – etwas ganz Brandneues. Um die hundert Zuschauer finden Platz unter dem natürlichen Dach, und sicherheitshalber hat der Bischof noch Vorhänge und Tapisserien anbringen lassen als Schutz gegen den Regen. Die Gäste sind stumm vor Staunen: die Felsen bilden eine aufregende Kulisse, in die eine barocke Verwandlungsbühne hineingebaut wurde. Dramatische Beleuchtung erhellt das Dunkel

Liebhaber der Schönheit
In Rom vertraut geworden mit sinnlicher Ästhetik lebt der Fürsterzbischof seine Sehnsüchte in Hellbrunn ungeniert aus. Lässt sich bezaubern von Wasserspielen und verewigen als eleganter Herr, der einer Schönen eine rote Nelke überreicht. Der Florentiner Maler Donato Mascagni (Klostername Fra Arsenio) hat die Wände des im Turmrisalit gelegenen »Oktogons« 1616 mit höfischen Szenen in Secco-Technik geschmückt, die auch den jungen Bischof zeigen.

der Grotte. Zwischen den Felsen kommen die Darsteller hervor und treten dann nach vorn, auf das mit Holz verkleidete gewachsene Steinplateau. Die Gäste verfallen der Magie der Klänge und der unwirklichen Szenerie. Theater und Wirklichkeit vermischen sich hier, im Freien, in ungeahntem Maß. Da erscheint eine edle Jungfrau, die ihr Vater Urbanus ausgesetzt hat. Es passt ihm nicht, dass die Tochter an Christus glaubt, also lässt er sie mit Öl übergießen, aufs Rad flechten und darunter ein Feuer anzünden. Ein Engel greift ein und zerschmettert das Rad, löscht das Feuer und lässt den Vater sterben, aber das Stück kann hier natürlich nicht zu Ende sein. Die Heldin namens Christina überlebt noch diverse andere Folterungen, nicht einmal die Schlangen in der Grube vergehen sich an ihr. Da reicht es den Peinigern: der Märtyrerin wird ihre Zunge abgeschnitten und die Bogenschützen legen an. Blutüberströmt bricht Christina zusammen. Das Publikum ist begeistert. Auch wenn das Stück dem Geschmack späterer Generationen weniger entspricht als die danach präsentierten italienischen Opern »Arianna«, »Orfeo«, »Perseo« oder »Andromeda« – es bleibt der Ruhm, dass mit ihm das erste Gartentheater Europas, vielleicht sogar der Welt eingeweiht wurde. Es ist wieder Sommer, es ist wieder im August, als über 300 Jahre nach der Einweihung des Steintheaters der Grundstein für einen riesenhaften Theaterbau hier, in Hellbrunn, gelegt wird: Nach Plänen des Dresdner Architekten Hans Poelzig soll hier ein Festspielhaus aus dem traditionsgeschwängerten Boden wachsen. Wie bei Marcus Sitticus ist eine Prise Wahnwitz von

Liebhaber der dramatischen Effekte
Marcus Sitticus schuf das erste Gartentheater Europas – das Steintheater von Schloss Hellbrunn. Zugleich stiftete er 1617 die erste Opernaufführung auf deutschsprachigem Boden.

Dramatisches auch beim Menu im Freien
Aus den steinernen Hockern spritzten überraschend Fontänen in die Kehrseiten der Gäste. Die Wasserrinne im Tisch diente als barocker Kühlschrank.

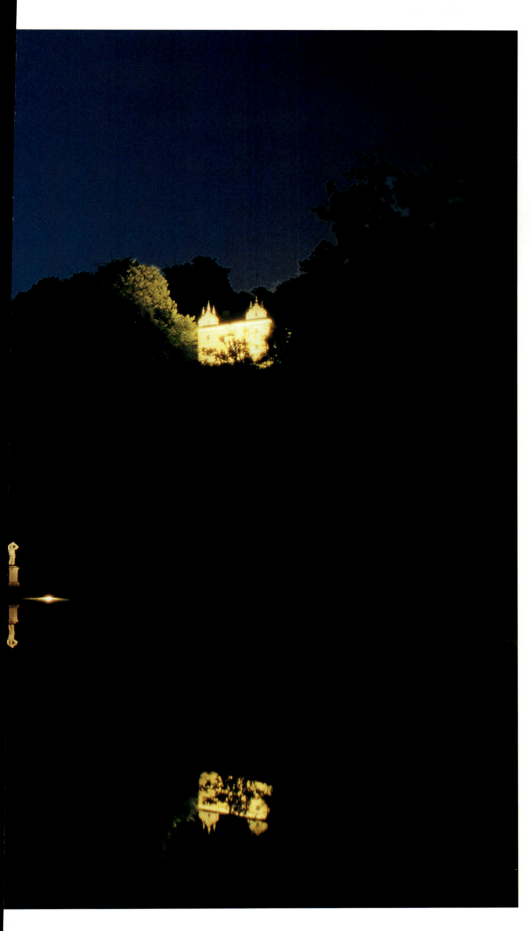

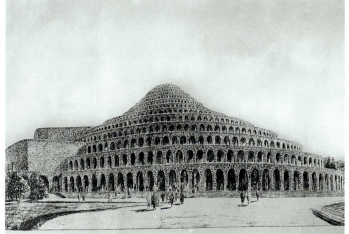

Anfang an dabei – »in einer gelinden Raserei« gesteht Poelzig, habe er den babylonischen Turm entworfen, den manche im Voraus schon als Termitenbau bespötteln. Wie damals im Jahr 1617 beim Festakt des Marcus Sitticus ist weltliche und kirchliche Prominenz anwesend, Bundespräsident Hainisch und Erzbischof Rieder. Und natürlich die Väter der Idee, die Vizepräsidenten der Festspielgemeinde, Stransky und Gehmacher, Richard Strauss, Hermann Bahr und Max Reinhardt. Die Gäste der Feier könnten die Tapisserien und Vorhänge von Marcus Sitticus gebrauchen – es nieselt. Im Regenmantel schlägt Richard Strauss auf den symbolischen Quader. Mit ernster Miene macht Max Reinhardt das Gleiche. Aber kaum dreht er Hellbrunn den Rücken, sagt er seufzend zu seiner Frau Helene: »Also das wird nichts.« Es wurde nichts. Die »Arbeiter Zeitung« war mit dem Ausgang zufrieden. »Ein solches Festspielhaus würde natürlich Milliarden verschlingen; woher sollen die kommen?«, fragte sie. Und stellte abschließend fest: »Die Vorstellung, dass den Leuten ein Festspielhaus in Salzburg am Herzen liegt, ist doch einfach kindisch.« Dass sie mit dieser Einschätzung falsch lag, hätte besonders den Mann, der die Oper nach Salzburg gebracht hat, gefreut.

Liebhaber des Spektakulären
Durchaus im Sinn von Marcus Sitticus wird heute mit theatralischer Beleuchtung die Anlage von Hellbrunn zur Bühne, ein angestrahlter Fels zum Kunstwerk und der Ausblick auf das Monatsschlösschen zum Ereignis.

Liebhaber des Absonderlichen
Der Entwurf von Hans Poelzig (1869–1936) für ein Festspielhaus mit 2500 Plätzen in Hellbrunn löste mehr Befremden als Begeisterung aus. Der Architekt selbst vermerkte in seinem Tagebuch, der geplante Monumentalbau erinnere an den mythischen Turm zu Babylon. Kenner bedauern heute, dass dieses kühne Projekt nicht umgesetzt wurde.

Kollegienkirche Universitätsplatz

Die Stimmung in der Stadt ist angeheizt. Die Befürworter und die Gegner duellieren sich mit scharfen Argumenten. Grandios und bewegend ist es für die einen, gotteslästerlich für die anderen, was dieser Reinhardt im Sommer 1922 vorhat. Es reicht ihm offenbar nicht, vor einem Gotteshaus Theater zu spielen, er will, hetzen die frommen Feinde der Idee, auch noch eines von innen schänden. Die Kollegienkirche ist als Schauplatz einer Uraufführung vorgesehen, direkt vor dem Altar sollen die Akteure auftreten. Wieder ein Mysterienspiel, wieder von Hofmannsthal in zeitgemäße Form gebracht; monatelang hat er ein Stück des spanischen Barockdichters Calderon umgedichtet. Nun soll es als »Das Salzburger Große Welttheater« in diesem kühnen hohen Raum des Fischer von Erlach uraufgeführt werden. Dass Reinhardt eine prominente Schauspielertruppe verpflichtet hat, von Anna Bahr-Mildenburg als Welt bis zum Jedermann Alexander Moissi als Bettler, beschwichtigt die empörten Gegner des Projekts nicht im mindesten. Was sie so erregt? Der »Jedermann« im Jahr zuvor hatte doch auch Zustimmung gefunden. Sicher aber deswegen, weil daran wirklich alle Salzburger teilhatten und er sogar ein Zusammengehörigkeitsgefühl stiftete. Jedermann konnte hören, was da vor der Domfassade gesprochen, geschrien, gestöhnt wurde, ohne ein teures Billet zu kaufen. Jetzt aber, als sich die jungen Festspiele in Festsäle, Theater, Kirchen – in Innenräume jedenfalls – zurückziehen, werden Aggressionen wach gegen jene feine Gesellschaft hinter verschlossenen Türen. Denn zur Schau getragener Wohlstand provoziert. Der Krieg ist zwar seit vier Jahren vorbei, der Krautacker im Mirabellgarten ist entfernt worden und die Blumenrabatten täuschen Wohlstand vor. Doch einige der eleganten Villen am Giselakai haben in ihren Gärten noch immer Stangenbohnen und Kohlköpfe statt nutzloser Blütenpracht. Und noch immer stehen die Menschen in Schlangen an um Lebensmittel. Die Inflation der österreichischen Währung ist im Sommer 1922 gespenstisch. Wie dramatisch die Situation ist, versuchen die Politiker dem Festspielpublikum zu verheimlichen. Franz Rehrl, im April dieses Jahres mit 32 Jahren zum Landeshauptmann Salzburgs gewählt, kann nicht wissen, dass er einmal der Retter der Salzburger Festspiele werden wird, aber er weiß, dass hungrige Mägen weder für Argumente noch für Kunst zugänglich sind. Es war also nur klug, den geplanten Empfang bei diesen Festspielen ersatzlos zu streichen. Es brennt. Und in eben jenem August, in dem Reinhardt und Hofmannsthal nur an ihr neues Stück denken, denkt Rehrl an die Mehrzahl der Menschen und schickt ein chiffriertes Telegramm an seinen christsozialen Parteigenossen, den Prälaten Ignaz Seipel, in dem er dringend um einige Waggons Mehl bittet. Sonst könnten Ruhe und Ordnung nicht mehr aufrechterhalten werden. Und Festspielgäste, die in Robe und Frack in Tumulte verwickelt werden, würden sich über solche Behelligungen wohl kaum amüsieren. Es sind aber nicht nur strenggläubige Katholiken, nicht nur verarmte, ausgemergelte Salzburger, die gegen das, was in der Kollegienkirche passiert, eifern. Selbst in Wien gibt es Leute, die gegen Reinhardts Vorhaben wettern und die Kritik an ihm mit einem Rundumschlag gegen Klerus und Politiker verbinden: »Ich weiß ja nicht, ob eine Kirche noch geschändet werden kann, die während eines Weltkriegs, der als internationales Gaunerstück sicherlich nur der Prolog im großen Welttheater war, das Walten der giftigen Gase gesegnet und nach ihm die Muttergottes mit der Kriegsmedaille dekoriert hat«, schreibt wutentbrannt ein jüdischer Kritiker in Wien, dem christlicher Konservativismus nicht vorgeworfen werden kann: Karl Kraus, der Herausgeber der »Fackel«. »Wenn aber an dieser Kirche, aus der Gott schon

Geschändet oder geehrt
Die Kollegienkirche, als Universitätskirche erbaut, 1707 eingeweiht. Sie gehört zu den genialen Barockarchitekturen des Johann Bernhard Fischer von Erlach (1656–1723). Dass Max Reinhardt sie zur Bühne machen wollte, brachte einige Gemüter auf. Der Bischof fand es ehrenvoll.

ausgetreten sein dürfte, bevor sie den Welttheateragenten ihre Kulisse und den Komödianten ihren Weihrauch zur Verfügung stellte, wenn an dieser Kirche noch etwas zu schänden war, so dürfte es doch jener Altar sein, der den Herren Reinhardt, Moissi und Hofmannsthal ... als Versatzstück gedient hat, damit sie an ihm etwas verrichten, was blasphemischer Hohn ist auf alle Notdurft dieser Menschheit.« Dass der Salzburger Erzbischof Rieder seinen Segen zum Projekt Welttheater gegeben hat, kann einen wie Kraus nicht beruhigen; in seinen Augen ist der Bischof ein bigotter Tourismusmanager und Rieders Motto, lästert Kraus, heiße: »Ehre sei Gott in der Höhe der Preise«. Der Erzbischof denke nur an den gewinnbringenden Aspekt des Spektakels, »die katholische Kirche«, entrüstet sich Kraus, »die nicht fluchen, nur segnen konnte, hat zum Schaden den Spott gefügt, indem sie sich herbeiließ, das große Welttheater der zum Himmel stinkenden Kontraste ... in eigene Regie zu übernehmen und jenen Hofmannsthal aufs Repertoire zu setzen, der sich auf das Leid der Kreatur einen gottgefälligen Vers machen kann«. Den Seitenhieb gegen Hofmannsthal versteht in Salzburg jeder: Es ist unübersehbar, dass der elegante, leicht arrogant wirkende Herr vermögend ist und auch wer es nicht weiß, ahnt es, dass der adlige Dichter Schlossherr ist und keinerlei materielle Sorgen kennt. Was kaum einer weiß ist, wie viel sich Hofmannstahl diese Aufführung hat kosten lassen. Zu Max Reinhardts und des Erzbischofs Freude. Reinhardt ist ein schweigsamer Mann, aber trotzdem ein großes diplomatisches Talent, wenn es darum geht, seine Pläne durchzusetzen. Und sein Verhandlungspartner, der Salzburger Erzbischof Rieder, ist nicht nur ein guter Prediger, er ist auch ein guter Rechner. Er stelle die Kirche zur Verfügung, wenn die Festspielgemeinde zum Ausgleich vier Millionen Kronen für die Renovierung der bröselnden und bröckelnden Architektur zahle. 4,3 Millionen stellte das Ministerium für Inneres und Unterricht bereit. Und Hofmannsthal legt aus seiner Privatschatulle drei Millionen drauf. Beide, Dichter wie Regisseur, unternehmen alles, um das Unternehmen nicht zu gefährden.

Blasphemisch oder avantgardistisch
Im August 1922 wird in der Kollegienkirche »Das Salzburger Große Welttheater« mit der Wagner-Heroine Anna Bahr-Mildenburg (1872–1947) als Welt uraufgeführt. Die Austattung von Alfred Roller erweist dem Kircheninnern (rechts das silberne Kruzifix im Tabernakel des Hochaltars) Respekt.

Manche verstehen nicht, warum sie derart viele Zugeständnisse machen, nur des Schauplatzes wegen. Doch Reinhardt ist klar: Das »Welttheater« soll und muss in einer Kirche stattfinden, weil es nur damit über den alltäglichen Theaterrummel hinausgehoben wird und seinen Anspruch kundtut, etwas Größeres zu sein: das Ewig-Menschliche darzustellen. Also sagen Dichter und Regisseur Ja zur kirchlichen Zensur, sagen Ja zur kirchlichen Kontrolle. Weil Rieder ein Literaturfreund ist, hält sich beides in Grenzen. Er sei ergriffen von »der Schönheit der Sprache«, hat er an Hofmannsthal geschrieben, und »über das tiefe Erfassen des Problems und die kernigen Sätze echter Weisheit«. Nur mit einer Figur hat der Bischof Probleme: mit dem Bettler. Diesem Revoluzzer wider Gott, der erst im allerletzten Moment, bevor er einen Mord begehen würde, erleuchtet wird. Mehr Innerlichkeit, wünscht sich der Erzbischof. Mehr Bekehrung, weniger Wut. Die Proben werden unter strenger Aufsicht des erzbischöflichen Ordinariats abgehalten und die Schauspieler benehmen sich, wie es der Kirche gefällt: leise, gesittet und ehrfürchtig. Reinhardt hat sich jedoch außerdem verpflichtet, dass sich auch das Publikum würdig verhalten werde. Freilich hat er keine Ahnung, wie er das bewerkstelligen will. Da ist nicht nur die Angriffslust derer, die jeden Tag Futterrüben mit Schwarzmehleinbrenne essen, gegenüber den betuchten Gästen von auswärts, die sich in den Restaurants niederlassen. Auch die konservativen Kulturfreunde vor Ort sind schlechter Laune, denn die Konzerte mit zeitgenössischer Musik, die sich als »Weltrevue zeitgenössischer Tonkunst« verkaufen, sind nichts für Leute, die in der Mozartstadt Mozart erwarten: Schönberg, Milhaud und Webern, Hindemith, Kodály und Wellesz stehen auf dem Programm – da würden sich manche am liebsten die Ohren mit Mozartkugeln verstopfen. Der Volkszorn knistert und glüht, ein Luftzug kann das Feuer entfachen. Die Karten für das Stück sind alle verkauft – an einem einzigen Tag. Und Reinhardt und Hofmannsthal proben wie besessen. Nirgendwo ist der Regisseur festzumachen, er ist überall zugleich. Da steht er oben, bei den Engeln und zeigt ihnen, wie sie sich bewegen sollen, dann ist er unten auf dem roten Podest und führt dem Tod vor, wie er geigend die Verstorbenen

anführen soll auf ihrem Weg zum Jüngsten Gericht, nimmt ihm die Geige weg, klemmt sie sich selbst unters Kinn, macht ihm den Tanzschritt vor. Nun ist Moissi dran. Der aufmüpfige Bettler, der Gott herausfordern will, weil er sich von ihm vergessen fühlt. Der es diesem ungerechten Gott zeigen will, an den er nicht mehr glaubt und beschließt, selbst Gerechtigkeit zu üben und den Reichen zu erschlagen. Jeder weiß, dass hier das Spiel die Wirklichkeit berührt: zu viele von den Salzburgern sind auch oft nahe dran, jeden Glauben zu verlieren, drauf und dran, ausfällig zu werden gegen die reichen Gäste. Und nichts ist heikler, als eines glaubwürdig zu machen: dass dieser Mann in einer Offenbarung abläßt von seinem Plan, einen Menschen umzubringen. Stundenlang probt Reinhardt diese Stelle, wieder und wieder. Es überzeugt einfach nicht, wie der Bettler, die Hacke mordlüstern in der Hand, schlagartig erhellt wird. Er wirkt zögerlich, sentimental, ungefährlich. Und die düstren Mordabsichten nimmt man ihm ebenso wenig ab wie die plötzliche Bekehrung. Moissi kapiert, dass er hier gegen sein Wesen radikal sein muss. Radikal und furchterregend. Der Reiche redet um sein Leben, der Bettler schweigt bedrohlich. Und der Reiche zittert nun wirklich, als der kleine Bettler mit der Hacke auf ihn zugeht. Angst erfasst die Probenbesucher. Dreht Moissi durch? Hat er beim quälenden Wiederholen die Nerven verloren? Er hebt die Hacke, holt zum Schlag aus, lässt die Hacke niedersausen. Da reißt es ihm das Gesicht nach oben, seine großen Augen weiten sich, als sehe er etwas Unfassliches. Wie vom Blitz getroffen lässt er scheppernd sein Mordgerät zu Boden fallen. Und bricht zusammen, sinkt in die Knie, als habe ihn eine fremde Hand entwaffnet. Alles stimmt nun drin – draußen aber nicht. Reinhardt ist sich bewusst, wie riskant sein Vorhaben ist. Am 10. August, drei Tage vor der geplanten Uraufführung, beantragen die Sozialdemokraten offiziell die Verhinderung der Festspiele. Es brennt. Fiebrig wird verhandelt. Mit Erfolg: Salzburg bekommt eine so genannte Mehlaushilfe und muss die Devisen, die nun die Fremden bringen, nicht bei der Zentrale in Wien abliefern, sondern darf sie zur Beschaffung von Lebensmitteln verwenden. In einem Aufruf des »Salzburger Volksblatts« werden die Gäste gebeten, für die hungernden Bürger zu spenden. Die Landesregierung legt außerdem fest, dass es für »Minderbemittelte, Festangestellte, Beamte und Kleingewerbetreibende« aus Salzburg in Gaststätten und Kaffeehäusern 25 Prozent Rabatt gibt. Und auch Reinhardt entschärft die Situation souverän: Die Einheimischen dürfen zu zwei Generalproben kommen. Neugierig und sensationslüstern drängen sie herein. Und dann verfallen auch sie der Magie des »Großen Welttheaters«. Das Kirchenschiff ist in purpurroten Samt gehüllt. Und direkt vor dem Hochaltar hat Alfred Roller eine mit ebenso purpurrotem Stoff bezogene Bühne aufrichten lassen. Blass stechen davon die Akteure ab, symbolhafte Gestalten, dramatisch geschminkt, pathetisch überhöht. Anna Bahr-Mildenburg, die große Wagner-Heroine, in einem schillernden Kleid, einem funkelnden Mantel, den Kopf mit einem federbesetzten Diadem geschmückt. Ihr großflächiges Gesicht, ihre mächtige Stimme lassen die Zuschauer erschaudern. Der Tod, verkörpert von Luis Rainer, steht auf einem hohen Podest, eine Glocke in der Hand, und kündigt mit deren kaltem Klang jeden Auftritt an. Drei Stunden ohne Pause müssen die Zuschauer es auf den harten Kirchenbänken aushalten. Doch als sie gehen, ist jeder Widerspruch verstummt. Und die aufmüpfigen Armen, die sich von Gott verlassen fühlen, legen die Waffe aus der Hand.

Karg oder konsequent
In seiner kühnen Klarheit ist der steile Innenraum der Kollegienkirche einzigartig. Fischer wollte nicht, dass zu viel Ausstattung von der architektonischen Wirkung ablenke. Die 1721/22 geplante Ausmalung durch Johann Michael Rottmayr kam nicht zustande. Für Opulenz sorgen Stuckengel in der Wolkenglorie der Apsis.

Schloss Leopoldskron Leopoldskronstrasse

Es riecht nach Sommer im Park von Leopoldskron. Nach gemähtem Gras und Fallobst, nach durchsonntem Moos und Rosen. Der Augustabend ist lau, das Licht ist weich, ein einzigartiges Fest steht vor der Tür. Aber dem Schlossherrn, der an seinem Weiher entlangspaziert, ist anzusehen, dass seine Stimmung verschattet ist. Auch die prominenten Gäste, die er in den vielen Zimmern einquartiert hat, deren Begeisterung über das Haus mit den Stuckdecken, dem schimmernden Parkett, den barocken Öfen, mit eigener Hauskapelle und Bibliothek, können ihn nicht hinwegtrösten über das Gefühl, versagt zu haben: Im Mai sind die Festspiele für dieses Jahr abgesagt worden. Ein Hauptproblem besteht darin, dass Räumlichkeiten fehlen. Die Kollegienkirche darf nicht mehr genutzt werden. Für ein anderes Theater allerdings ist Platz vorhanden: Im August hält die NSDAP ihren Parteitag in Salzburg ab. Hitler kommt und spricht. Erst wenn die Braunhemden abgezogen sein werden, beginnt ein Ersatzfestspiel – klein und exklusiv: vier Abende lang soll Molières Komödie »Der eingebildete Kranke« im Stadttheater gegeben werden mit erstklassigen Darstellern, Regie: Max Reinhardt. Die Generalprobe findet vor geladenen Gästen hier statt, in dem Schloss, das Max Reinhardt 1919 gekauft hat. In den vier Jahren seither hat er jede freie Minute in das Anwesen investiert. Es ist seine schönste und seine aufwendigste Inszenierung. Max Reinhardts Credo ist einfach: »Was man nicht ausgibt, hat man. Aber was hat man davon?« Er, der sein Leben lang nie ein Portemonnaie besaß, hat von seiner Freigebigkeit nicht nur das Glück, in einer märchenhaften, von ihm belebten Idylle seine Tage und Nächte zu verbringen, er hat dadurch auch die interessantesten Gäste aus der ganzen Welt. Das Schilf raschelt und dem Wasser entsteigt eine bizarre Gestalt: groß, blaß, dick und schwammig. Ein Mann mit hoher Stirn, der nun mit mächtiger Stimme zu deklamieren anfängt: »Ich habe den See

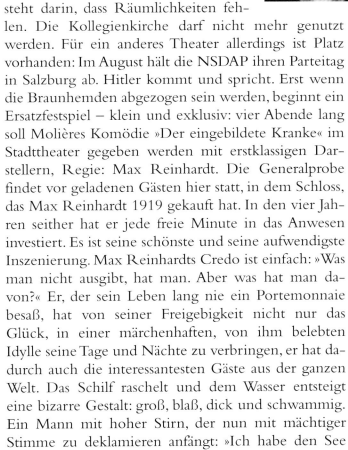

durchquert, die Götter haben mir beigestanden. Und wenn ich morgen nicht die Rolle bekomme, die mir zusteht in dem neuen Stück, wirst du die unsterbliche Rache der Götter kennen lernen.« Der Auftritt im Weiher scheint Reinhardt überzeugt zu haben: Am 20. August 1923 jedenfalls steht der Name des Kulturhistorikers Dr. Egon Friedell hinter der Rolle des Dr. Diafoirus auf dem Programmzettel. Und der Abend wird zu einer Sternstunde. Die Wege sind erleuchtet von Lampions und Fackeln. Die Bäume sind mit Girlanden geschmückt, die Brunnen plätschern, die chinesischen Nachtigallen, die der Schlossherr importiert hat, singen mit den einheimischen um die Wette. Ein hoher gewölbter Saal über die gesamte Breite des Schlosses, erleuchtet von unzähligen Kerzen. Die Hausherrin ist selbst einer der größten Stars deutschsprachiger Bühnen. Helene Thimig schaut sich um nach ihrem Mann, dem Regisseur des Abends, des Festes, des Schlosses. Wie üblich hat er sich in sein Zimmer verzogen. Doch diesmal hat Helene einen Assistenten. Schön schaut er nicht aus, der Gnom mit den breiten Schultern und der Knollennase. Sein Gesicht ist grotesk geschminkt, käseweiß mit dunkeln Ringen um die Augen. Um seinen untersetzten Leib hat er lässig einen Schlafrock aus Brokat gehängt, pelzbesetzt an den Säumen. Auf seinem breiten Schädel sitzt eine Schlafmütze, so weit in die Stirn gedrückt, dass er dümmlich aussieht. Schließlich schleppt er sich stolpernd die Treppe in den Marmorsaal hinauf und lässt sich in einen barocken Sessel fallen, der neben dem Kamin steht, in dem das Feuer bereits prasselt, um den Kranken zu wärmen. Die Gäste in Frack und Abendkleid setzen sich. Und der marode Typ im brokatenen Morgenrock legt los. Er erzählt von dem, was sein Leben schön

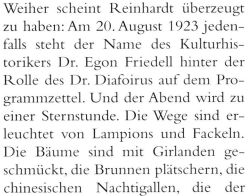

Treffpunkt der Träumer
Max Reinhardt (1873–1943) erkannte, dass Schloss Leopoldskron an dem schilfbestandenen Weiher eine unwiderstehliche Magie besitzt. So wurden er und seine Frau Helene Thimig (1889–1974) unvergessliche Gastgeber. Die passenden barocken Skulpturen für den Park und Ausstattungsstücke für die Räume sammelte Reinhardt auf seinen Reisen, vor allem in Italien.

macht, ja mit Inhalt und Sinn erfüllt. Von seinen Krankheiten. Gelächter brandet auf. Max Pallenberg als Argan – das ist eine Delikatesse, die kaum zu übertreffen ist. »Molière«, wird der Kritiker Raoul Arnheimer schreiben, »heißt heute, ins Schauspielerische übersetzt, Max Pallenberg.« Der Hausherr hat sich inzwischen oben auf der Galerie versteckt: Der übliche Duft von Lavendel und Zigarre umweht ihn, unter dem Arm hat er sein Regiebuch. Er ist ein einziger Ausdruck des Staunens. Was dort unten geschieht, hat weder der Dichter noch der Regisseur vorhergesehen. Wer Pallenberg kennt, weiß zwar: Diesem Improvisationsgenie ist jeder Kollege auf der Bühne hilflos ausgeliefert. Wer mit ihm auftritt, muss damit rechnen, als Verlierer abzutreten, weil Pallenberg die Herzen gewinnt mit seinen frechen Erfindungen, seinen spontanen Einfällen. Auch an diesem Abend schafft er es bereits im zweiten Akt: Die kokette Toinette, Dienstmädchen bei Molière, in der Theaterwelt geliebt als Hansi Niese, schleicht schluchzend davon. Pallenberg hat sie völlig aus dem Konzept gebracht. Da tritt Dr. Diafoirus auf, dieser schwammige Herr von Mitte fünfzig, der eigentlich über seiner großen »Kulturgeschichte der Neuzeit« sitzen sollte, an der er seit Jahren arbeitet. Pallenberg, entzückt wie eine Schlange angesichts eines fetten Kaninchens, improvisiert waghalsig und

Kulisse für den Magier
Als »Lustgebäu« und Familiensitz hatte der lustfeindliche Fürsterzbischof Leopold Anton Freiherr von Firmian Leopoldskron von 1736 bis 1744 erbauen lassen. Max Reinhardt belebte das heruntergekommene Schloss in jedem Winkel und machte jeden Raum, den Park und sogar die Insel im See zur Bühne.

Schaubühne für Prominente
Auf der Freitreppe des Schlosses posierte alljährlich zur Festspielzeit, hier 1928, Europas Kulturprominenz.

versucht, den Laien ins Schleudern zu bringen. Aber der gibt zurück, parodiert, kommt mit griechischen und lateinischen Zitaten, die ein paar der Gäste zu verstehen scheinen, Pallenberg nicht. Die Lacher wechseln die Seite. Und Pallenberg flüchtet – nicht von der Bühne, aber zurück zu Molière, auf sicheres Terrain. Unvergesslich sei der Abend gewesen, schwärmen die Gäste später. Langsam leert sich das Schloss, nur die Hausgäste sitzen noch da in dieser verdämmernden Sternstunde. Die Scheite im Kamin sind verglüht, die Kerzen heruntergebrannt, Helene Thimig hat Leuchter aufgestellt und bestückt. Egon Friedell steht noch plaudernd herum, ein Glas in der Hand, das Monokel wieder ins rechte Auge geklemmt, und sieht sie an. Aber keiner bringt ein Wort über die Lippen. Bringt sie so viel Glück zum Verstummen, weil sie wissen, dass es nicht von Dauer sein kann? Fünfzehn Jahre, nachdem er mit Helene Thimig in Leopoldskron gestanden hat, stürzt Friedell sich in Wien aus dem Fenster seiner Wohnung. Zu dieser Zeit wissen auch die Reinhardts, dass sie gehen müssen, wenn sie nicht nach ihrem Besitz auch ihr Leben verlieren wollen. Der Schlossherr von Leopoldskron ist nur noch geduldeter Nutznießer – Steuerschulden in Deutschland, Erbgebühren in Österreich und Darlehen in Höhe von insgesamt 360 000 Schilling. Das Schloss mit Gasthaus, Ökonomiegebäude und Weiher ist auf 350 000 Schilling angesetzt, die antike Einrichtung auf nur 10 000. 1938 wird es beschlagnahmt und von den Nazis für Repräsentationszwecke genutzt, von 1938 bis 1945 bewohnt es der Dirigent Clemens Krauss. Helene kommt nach dem Krieg noch einmal für kurze Zeit hierher. An einem jener Spätsommertage, die in Leopoldskron alles vergolden, geht sie durch die Räume. Fast alles ist unverändert: Nur die von Moos bewachsenen barocken Steinfiguren im Garten sind geputzt. Oder von dem gereinigt, was die einen Schmutz nennen und die anderen Leben.

*Freiraum für des Lebens Fülle
Der Marmorsaal von Schloss Leopoldskron. In der Ära Reinhardt fanden hier bizarre Feste, opulente Feiern, nächtliche Lesungen und intime Aufführungen statt. Und die Generalprobe zu Molières »Der eingebildete Kranke«. Doch schon zuvor war hier keine Askese angesagt: 1851 wurde das einstmals fürstbischöfliche Anwesen Ausweichdomizil eines leidenschaftlichen Liebhabers: Nachdem Bayerns König Ludwig I. wegen seiner Affäre mit der Tänzerin Lola Montez abgedankt hatte, zog er hier ein und richtete sein Augenmerk wie immer auf lebende Schönheiten. Heute sorgt hier der neue Besitzer, die Harvard University, für den Ernst des Lebens.*

SCHAUPLATZ der Kunst

»Wenn ich bewusst sehe,
dann ist das wie ein
Zustand der Verzückung.
Dem eines Sehers, eines
Visionärs zu vergleichen.«

Oskar Kokoschka

Schauplatz der Kunst

Klischees sind etwas Nützliches. Denn richtig verstanden verraten sie etwas über jene Wahrheiten, die sie kaschieren wollen. Salzburg als Musikstadt zu bezeichnen ist ein Klischee. Und es fordert zu der Frage heraus, die dadurch unterdrückt werden soll: Warum keiner diese Stadt mit ihrer überwältigenden Architektur von Mittelalter bis Rokoko eine Kunststadt nennt. Zugegeben: die Jugendstilbauten sind eher behäbig als bestechend, von Moderne ist außer Holzmeisters Bauten wenig zu sehen und die Museen besitzen bei aller Kompetenz des lebenden Inventars nicht das Weltklasseformat einer Kollegienkirche oder eines Doms. Nur einsichtig, dass sich die Stadt seit Jahren, bald Jahrzehnten bemüht, Hans Holleins Projekt für ein Kunstzentrum zu verwirklichen, das zuerst im Mönchsberg geplant war als geheimnisvolle und einzigartige architektonische Attraktion, dann verkleinert wurde zu einem Bau auf dem Mönchsberg, und sich nun dort befindet, wo Museen einer Stadt auf dem Weg zur Kunststadt wenig weiterhelfen: in der Planungsphase. Und das trotz versprochener Leihgaben aus der Petersburger Ermitage und der Guggenheim-Foundation und von spendablen ortsansässigen Förderern, deren Engagement allein den Mönchsberg sprengen müsste. Lebenskunststadt – das ist Salzburg sicher, was sich gerade an wenig spektakulären Stellen zeigt: in den Durchhäusern, die windgeschützte Einkaufsgänge erlauben und wo sich noch Kerzenzieher gehalten haben und Konditoreien wie die namens »Schatz« zwischen Getreidegasse 3 und Schranne gelegen. Da wird wie auch bei »Ratzka« in der Imbergstraße 45 Konditorenkunst kultiviert, die durch die Reinerhaltung einfacher Traditionen Museumsreife erlangt hat. Denn der Zeitaufwand für den wahren Topfenstrudel, für den richtigen Marillen- und Zwetschgenfleck ist nur durch künstlerischen und zugleich konservatorischen Eros erklärbar. Auch das Holzbackofenbrot, das die Mönche von St. Peter noch immer nach demselben Rezept wie im Mittelalter backen, besitzt den erlesenen Geschmack höchster Handwerkskunst. Dankbare Besucher erklären auch manche kommerziellen Betriebe in Salzburg zu Museen: Ist nicht die »Alte fürsterzbischöfliche Hofapotheke«, Alter Markt 6, seit 1591 verbürgt, mit ihrer makellosen Rokokoausstattung in Resedagrün und Malvenrosa, bekrönt von blattvergoldeten Rocailles, ein Museum der schönsten Art, nämlich belebt und benutzt? Zu Mozarts Kindheit hatte sie noch mehr zu bieten – da baumelten getrocknete Krokodile von der Decke, gedörrte Schildkröten und Fische, und über dem Rezepturtisch der als Einhorn gedeutete Stoßzahn des Narwals, auch führte die Apotheke damals noch Notwendigkeiten wie Meerspinnen, silbergefasste Kokosnüsse, ein mit Goldpapier und rosa Seidenband dekoriertes Straußenei oder eine Greifenklaue, war also zugleich Kunst- und Wunderkammer. Doch selbst das würde heute nichts ändern an dem Tatbestand: Eine Kunststadt ist Salzburg nicht und das ist jedem bewusst. Ja, es gibt die Deckengemälde des JOHANN MICHAEL ROTTMAYR in der Residenz, es gibt Altarblätter von ihm und von dem großen MARTIN JOHANN SCHMIDT, genannt Kremser Schmidt, in den schönsten Kirchen der Stadt, es gibt Skulpturen, Bauten und Brunnen von den größten Barockkünstlern. Doch es fehlt der Abglanz einer Bohème, einer Kunstszene wie in Wien oder Paris, die unsere Phantasie erregt. Bewegungen, Sezessionen, Provokationen brachte hier keiner in Schwung. Selbst eine markante Künstlerpersönlichkeit wie die Malerin BARBARA KRAFFT blieb eine Einzelgängerin, die meistens allein in ihrem Haus am Waagplatz 6 vor der Leinwand saß. Mit oft rührendem Lokalpatriotismus werden zum Ausgleich Künstler

Kunst ist Bewegung
Katharina Puschnig und Roman Scheidl veranstalteten in der »Nacht der Museen« 2002 in der überfüllten Galerie Welz eine Aktion mit Rezitation, Schattenspiel und Live-Malerei.

Kunst ist Können
Barbara Krafft (1764–1825) porträtierte mit bravouröser Technik und psychologischem Talent Lebendige und Tote in ihrer stillen Wohnung am Waagplatz 6.

gefeiert, deren mangelndes Niveau mit ihrem lauteren Charakter gerechtfertigt wird. Das lässt an Logik zu wünschen übrig, an Komik aber nicht. Da erinnert sich der Maler Felix Harta an ein Erlebnis mit seinem Freund und Kollegen, das uns vermuten lässt, er sei einem unsterblichen Genie begegnet. Die beiden hatten auf einer Caféterrasse gesessen und der Freund »ging die ganze Malergeneration kritisch durch, ausgehend von der Frage, wer wohl der größte Maler der Gegenwart wäre«. Er verwirft alle; Klimt, den in seinen Augen nur gefallsüchtigen Kunstgewerbler ebenso wie Kokoschka, weil es dem zu wenig ernst sei. Bleibt also nur noch einer. »Sollte am Ende«, fragt er ergriffen mit jenem dunklen Blick der Seher, »ich der größte Maler dieser Zeit werden?« Beurteilen Sie selbst: der Mann, der Klimt zu billig und Kokoschka zu seicht fand, hat die Fresken im Festspielhausfoyer gemalt, die ein Tanzcafé oder eine Mehrzweckhalle in der Provinz durchaus putzen würden. Dabei umweht dieses flächendeckende Lebenswerk echte menschliche Tragik und Dramatik. Einen Tag vor seinem 43. Geburtstag starb der Maler Anton Faistauer im Februar 1930, möglicherweise an den Folgen dauernder Überarbeitung: mit seinen vier Mitarbeitern hatte er die 300 Quadratmeter Wandfläche im Salzburger Festspielhaus an nur 26 Tagen mit 210 Gestalten bedeckt und in diesem Tempo meistens gearbeitet. Postum wurde Faistauer eine Schändung zuteil, die ihm im Nachhinein zur Ehre gereicht: Adolf Hitlers Vorstellungen von einem repräsentativen Festspielhaus standen Faistauers Fresken geschmacklich so sehr im Wege, dass er sie 1939 abnehmen ließ. Dabei hatte man durchaus erkannt, dass die abgebildeten Damen, blond, harmlos und gebärfreudig gebaut, dem Frauenideal des Führers entsprachen: der »Völkische Beobachter« vermerkte jedenfalls zu der Freskenabnahme, es seien »die wertvollen Arbeiten des Meisters« sorgsam auf Leinwand übertragen und konserviert worden – mit einem damals brandneuen aufwendigen Verfahren. Nur, was in der Eile nicht mehr entfernt werden konnte, wurde übertüncht. Somit waren alle jene Figuren nicht mehr zu sehen, die das Auge Hitlers beleidigt hatten – zum Beispiel die Porträts aufmüpfiger Geistlicher und Politiker aus Salzburg und auch mancher Freunde von Faistauer, die dieser hier verewigt hatte. Alfred Kubin, zum Beispiel, der Faistauer immer gewarnt hatte, seine Kräfte nicht derart zu verpulvern. Und auch wenn Faistauer sich selbst für die künstlerische Lichtgestalt seiner Zeit hielt, erkannte er doch die Qualität der Arbeit seines Freundes Kubin und rühmte dessen Grotesken als »Enthüllungen des Mysteriums Welt«, als »grelle Streiflichter in die Schächte der Menschenerde«. Manche von Kubins großartigen Visionen, die verborgene Grausamkeiten entblößen und das Dunkle, Verwesende hinter der lichten Oberfläche aufdecken, wirken so, als sollten sie die Schattenseite Salzburgs zeigen, die er kannte. In Salzburg hatte er als Kind einen Mord beobachtet, hier hatte er später, als die Eltern nach Zell am See gezogen waren, am Gymnasium und an der Staatsgewerbeschule erfolglos gastiert; verzweifelt hatte er die Stadt verlassen. Oft wirkt es, als habe Kubin die Dämonen Trakls illustriert, als sei er dessen großer Bruder, der den Balanceakt am Abgrund nur besser bewältigt hat. Frei von solchen Nachtgedanken ist das Werk jenes Malers, zu dem die bravouröse Üppigkeit seiner Bilder uns den Zugang versperrt. Sie sind für unseren Zeitgeschmack fett, schwer und unverdaulich süß. Trotzdem ist Hans Makart für eine Kunststadt, der es an großen Künstlern mangelt, ein Glücksfall – was sich im Stadtplan niederschlägt: Makartplatz, Makartsteg, Makartkai, alles in bester Lage. Immerhin hat Makart eine Epoche geprägt und war eine Kultfigur dort, von wo man auf Salzburgs Kunstszene herabblickt: in Wien. Und doch scheint es, als habe es nur an Menschen gefehlt, die Feuer an die Lunte legen. Ein Galerist wie Friedrich Welz, zum Beispiel, der Salzburg für Schiele und Kokoschka entflammte. Oder einer wie Thaddaeus Ropac, der hier nun auch die Einheimischen für die Kunst unserer Gegenwart entzündet. Nur den Künstlern fällt in dieser Stadt offenbar nichts ein. Denn zu viel Schönheit vor Augen lähmt den Augenmenschen wie eine volle Tafel die Phantasie des Kochs.

Traum und Albtraum
Alfred Kubin (1877–1959) kam als Zweijähriger in die Stadt. »Die Bauten, welche Zeugen ihrer großen Vergangenheit sind«, sagte er, »gehören zum dauernden Inhalt meiner Träume«. Doch mit einem »dämonischen Lustgefühl«, wie er selbst gestand, sog er vor allem das Unheimliche, Makabre und Melancholisch-Düstre Salzburgs in sich auf. Wer die verhangenen Tage an der Salzach – hier beim Ortsteil Mülln auf dem linken Ufer – kennt, sieht Salzburg vor sich, wenn er Kubins Bekenntnis liest: »Ich bin der Organisator des Ungewissen, Zwitterhaften, Dämmrigen und Traumartigen.« So erscheint er auch in dieser Zeichnung von Rudolf Grossmann.

Villa Kast   Mirabellplatz 2

Thaddaeus Ropac, Galerist in Salzburg und Paris, geboren 1960 in Kärnten, machte in Wien Abitur, zog dann nach London, um Künstler zu werden. »Doch ich habe schnell gemerkt, dass mir das Talent dazu fehlt.« In Lienz (Osttirol) eröffnete er 1981 »sehr naiv« einen Kunstsalon in den Hinterräumen einer Metzgerei. 1983 kam er nach Salzburg, machte in der Kaigasse eine Galerie auf und zog dann um in die Villa Arenberg in der Steingasse. Seine heutigen Galerieräume befinden sich direkt am Mirabellgarten in der Villa Kast. Privat bewohnt Ropac die Villa Emslieb in Hellbrunn, die Marcus Sitticus für seinen liederlichen und verschwendungssüchtigen Neffen Hannibal hinsetzen ließ, den er jedoch verwöhnte, verzog und zärtlich »Annibalino« nannte. Und zum hoch bezahlten Hofmarschall erhob. Schmeichlerisch nannte Hannibal dem Onkel Marcus aus Hohenems zuliebe sein Haus »Emslieb«. Heute lieben diese Villa Ropacs zahlreiche Freunde, größtenteils Künstler, die vor allem zur Festspielzeit hier zu Gast sind.

Warum haben Sie sich, als Sie die Galerie eröffneten, für Salzburg entschieden und nicht für Wien? Salzburg war für mich schon damals ein Symbol für Kunst und Kultur und es gab die »Schule des Sehens« von Kokoschka, was mich magisch angezogen hat. Die Festspiele waren für mich keine Attraktion, ich war damals wenig an Musik interessiert. Salzburg war für mich wegen seiner Architektur und eben dieser von Kokoschka gegründeten Sommerakademie auf der Festung aufregend. Ich war schon mit siebzehn einmal raufspaziert und habe mich einfach zu den Kursteilnehmern auf die Wiese gesetzt, als Emilio Vedova im Freien eine Klasse abgehalten hat. Da hat es gefunkt zwischen der Stadt und mir.

Und war Salzburg auch von Anfang an nett zu Ihnen? Bei der Eröffnung meiner Galerie war ich 23, sah aus wie 15 und es war krachend voll – 300 Leute. Aber ich wußte nicht, wie das Geschäft ging. Da waren H.C. Artmann, Peter Handke und Thomas Bernhard, die damals in Salzburg gelebt haben, außerdem Arnulf Rainer, Hermann Nitsch … allerbeste Leute. Verkauft hab ich nichts. Aber kapiert, dass es Prominenz allein nicht bringt.

Haben Sie von vornherein mit den Festspielgästen als Klientel gerechnet? Ich habe erst, als ich da war, mitgekriegt, dass Salzburg im Juli und August Bühne wird und durch das Festspielpublikum ein ungeheures Potential hat. Aber ich habe erst ganz langsam, über den Pressechef der Salzburger Festspiele, ein Handkefreund und begeisterter Kunde namens Dr. Hans Wiedrich, Kontakt zu Festspielkünstlern bekommen. Und er schlug vor, die einzubinden. Auf seine Anregung hin habe ich zeitgenössische Künstler eingeladen, die Plakate für zeitgenössische Opern machten. Paladino, Liechtenstein, Lüpertz, Rainer …

Was hat Ihnen den Zugang zu den Festspielen eröffnet? Die zeitgenössische Musik. Berio, Penderecki, Stockhausen, die in diesem bombastischen Salzburg der achtziger Jahre, in dieser ungeahnten Opulenz, Fremdkörper waren – eine eigene Welt. Und für deren Aufführungen gab es immer noch Karten – Karajan war ausgebucht, das war damals ja noch ein völlig geschlossener Kreis, in den kein Außenstehender reinkam. Ich bin den umgekehrten Weg wie die üblichen Klassikfreunde gegangen – von der Gegenwart in die Vergangenheit. 1985 habe ich dann zum ersten Mal Karajan erlebt in Bizets »Carmen« und habe das als abschreckend empfunden.

Und wie sieht es mit der in Salzburg ja unumgänglichen Beziehung zu Mozart aus? Ich konnte mit Mozart lange nichts anfangen, erst Ende der achtziger Jahre habe ich ihn verstehen und schätzen gelernt.

Die Veränderung des Festspielpublikums unter Mortier, hat die sich auf Ihr Geschäft ausgewirkt? Ja – weil das eine Öffnung bedeutet hat in jeder Hinsicht. Da entstand ein internationales Netzwerk, das vorher nicht existiert hat.

Was war das erste Ergebnis Ihrer Zusammenarbeit mit Mortier? Das Projekt mit Robert Longo. Mortier wollte die Eingangshalle des Großen Hauses verändern. Da haben wir einen Sponsor gesucht und gefunden und diese vier Kreuze von Longo im Foyer installiert. Longo hat außerdem das Bühnenbild in Mozarts »Lucio Silla« unter der Regie von Mussbach gemacht – die haben sich bei mir kennen gelernt.

Und wie war die Publikumsreaktion? Das größte Buhkonzert, an das ich mich in Salzburg erinnern kann. Mortier hat ja Zeit gebraucht, um das Publikum umzuorientieren. Das war in seinem ersten Jahr. Erst mit dem »Saint François d'Assise« haben die Leute kapiert, dass das, was Mortier macht, notwendig ist.

Wann wurden Sie zur Mittlerfigur? Mit Mortiers Start – weil ich sehr viele Künstler kannte, die ihn interessierten, und ich die Verbindungen stiften konnte.

Die Salzburger Mentalität – hat die sich, seit Sie hier Galerist sind, verändert? Die Stadt ist durch Mortier aufgebrochen worden. Auch das verkrustete Festspielsystem. In den achtziger Jahren war hier alles völlig erstarrt. Karajan war alt geworden und monarchistisch, er hatte seine experimentelle Beweglichkeit verloren. Davor war er ja auch einer gewesen, der neue Musiker herausgebracht und gefördert hat – wie Reinhardt, Strauss und Furtwängler. Mortier hat Salzburg wieder zu dem gemacht, was es einmal war: ein Startplatz für große Musikerkarrieren. Und er hat die Kartenanzahl fast verdoppelt, weil er statt vier Produktionen neun gemacht und insgesamt das Angebot verdoppelt hat. Er hat sich gerade hier vor Ort auch ein Fanpublikum erobert, schon weil man früher als Einheimischer gar nicht mehr an Karten kam.

Wie empfinden Sie den Charakter der Stadt Salzburg? Die Stadt ist eine brisante Mischung aus extremem Konservatismus, unglaublich katholisch, national, erzkonservativ, und aus einem ungeheuren Aufbruchsgeist. Ich verbringe jetzt ja nur die Sommermonate hier, wo die Stadt brodelt. Wenn sie zurückfällt in ihre Starre, bin ich weg.

Was fasziniert Sie denn überhaupt an Salzburg? Ich habe mir oft überlegt, ob man das, was in Salzburg geschieht, woanders kopieren könnte. Und ich glaube, das würde nicht funktionieren. Die Stadt ist in sich selbst Bühne und ihrer Einmaligkeit kann sich kaum einer entziehen. Es ist ein verzauberter Ort, auch wenn niemand den Zauber wirklich erklären kann. Diese Stadt entrückt die Menschen. Und die Künstler fühlen sich wohl, weil sie diese Besonderheit spüren. Sie lieben es, in den Sommermonaten hier herzukommen – in eine ganz andere Welt.

Und überzeugt Salzburg auch solche, die mit einer Aversion gegen die Stadt anreisen? Nicht jeden. Ich selber kenne allerdings nur einen Künstler, der dem Charme Salzburgs nicht erlegen ist: Jonathan Miller, den englischen Regisseur. Er hat sich hier drei Monate zur Vorbereitung des »Mitridate« aufgehalten und nachher gesagt, das Abschreckende, was Salzburg für ihn hatte, habe sich nur noch intensiviert. Dieses dauernde katholische Glockengeläute war für ihn unerträglich – als englischer Jude empfand er diesen allgegenwärtigen Katholizismus als bedrängend. Meistens aber gewinnt die Stadt die Künstler für sich. Das haben gerade die »Dichter zu Gast« bewiesen. Selbst Elfriede Jelinek, die sich gegen Salzburg gestemmt hat, fand den Sommer hier großartig. Oder Christoph Ransmayer, der in einem irischen Biotop lebt und vorhergesagt hat: »Ich weiß nicht, was ich in diesem Salzburg soll.« Und dann war er da und war bezaubert.

Residenzgalerie   Residenzplatz 1

Todmüde kommt er am Mirabellplatz an, wo seine Mutter seit zwei Jahren im ersten Stock des Hofstallgebäudes wohnt. Aber er sieht trotzdem erholt aus. Sein Gesicht ist gebräunt, seinen schwarzen Haaren hat die Sonne einen roten Schimmer gegeben. Und es wirkt so, als sei sogar seine schwächliche Figur etwas kräftiger geworden. Die ganze Strecke von Wien bis Salzburg ist der Achtzehnjährige zu Fuß gegangen. Auch wenn der Spätsommer das Voralpenland verklärt und das Licht über den Seen und Wiesen ihn begeistert: es war ein Passionsweg, den er sich selber auferlegt hat als Buße für sein Scheitern, der aber zu einem Weg nach innen wurde. Ja, er hat versagt: Alles hatte er sich versprochen von Wien, von der Akademie. Von einem kometengleichen Aufstieg hatte er geträumt und alle hier, in Salzburg, die ihn lieben – seine Mutter und deren Bruder, sein künstlerisch aktiver Onkel Johann Rüssmayr, aber auch sein ehemaliger Zeichenlehrer Josef Mayburger – waren überzeugt, in Wien werde man das Genie erkennen in diesem schmalbrüstigen, mädchenhaft kleinen, stotternden Kerl. Seiner Mutter Katharina muss es wie eine schicksalhafte Fügung vorgekommen sein, als ihr Sohn, den die Eltern voller Anspruch Johann Ferdinand Apollonius getauft hatten, an den Studienplatz an der Wiener Kunstakademie gekommen war. Franz Joseph, der Kaiser, hatte sich hier in Salzburg mit dem Erzbischof Max Joseph von Tarnóczy im Domkapitel getroffen. War es Zufall, dass sie auf Franz Josephs Zeichentalente als Kind zu sprechen kamen? War es Zufall, dass der Bischof sich erinnerte an das Skizzenbuch, das Dokument der frühen Versuche, das hier in der erzbischöflichen Bibliothek lag? War es Zufall, dass dem Kaiser sofort auffiel, wie jemand in seinen kindlichen Werken »herumgeschmiert« hatte? Jedenfalls gestand der Bischof, das könne nur der Sohn seines ehemaligen Verwalters sein – die Mutter betreue als Aufseherin noch die Silbersammlung hier in der Residenz. Der kleine Makart wolle nämlich Maler werden und deswegen habe er ihm erlaubt, in seiner Bibliothek herumzustöbern nach Malvorlagen. Der Übeltäter, der mit seiner Mutter in einer kargen engen Wohnung in der Residenz wohnte, wurde sofort herbeizitiert. Der schmächtige Junge gestand: Er sei es wirklich gewesen, der dort reingekritzelt habe, weil ihn die vielen groben Fehler dort drin, die von einer völligen Ahnungslosigkeit in Perspektive zeugten, gestört hätten. So viel Leidenschaft und Ehrlichkeit hatten den Kaiser so gerührt, dass er sofort für den jungen Makart sorgte. So erzählte es Makarts stolze Mutter jedem weiter. Im Frühjahr 1858 war er dann nach Wien gezogen. Und jetzt, ein halbes Jahr später, ist er wieder da – ohne jede Ankündigung steht er in Salzburg vor der Tür. Natürlich erwartet Frau Makart eine Erklärung. »Ich bin von der Akademie weggelaufen«, sagt er. »Weil mir die Professoren zu langweilig waren.« Er will nicht reden darüber, dass das wenige Geld von zu Hause nicht gereicht hat, um in Wien nur halbwegs menschenwürdig zu leben, auch nicht darüber, dass er sich nur anlegen konnte mit diesen sturen Professoren, die ausschließlich Modellzeichnen nach Gipsabgüssen verordneten. Tagelang sitzt er herum. Dann aber macht er sich auf den Weg durch die Stadt. Malt die Lichtreflexe im Wasser draußen in Hellbrunn, fertigt Studien auf dem Petersfriedhof an, der Makart ein seiner Stimmung angemessener Aufenthaltsort zu sein scheint. Und er porträtiert seine Mutter. Es ist ihrem ebenmäßigen Gesicht anzusehen, was sie hinter sich hat; an keiner Frau geht es spurlos vorüber, wenn der Mann sie mit zwei Söhnen sitzen lässt, der ältere acht, der jüngere zwei, um sich einem Tiroler Freiwilligencorps der Radetzky-Armee anzuschließen. Nicht aus politischen Idealismus, sondern um den Gläubigern zu

In der Residenz geboren
Der später zum Malerfürsten geadelte Hans Makart (1840–1884) kam als Sohn eines Hofbeamten in den Bedienstetenräumen in der Residenz zur Welt.

In der Residenzgalerie zu sehen
Das Bildnis von Amalie Makart (1846–1873), der ersten Frau von Hans Makart (um 1871), die blutjung starb. Es hing immer in Makarts Atelier.

entkommen. Dass er im Jahr darauf im Feldlazarett von Imola gestorben war, hatte die Mutter dann kaum mehr getroffen – längst hatte sie ihren Mann aus ihrem Gedächtnis so entschieden gelöscht, wie sie sein Porträt zerschnitten hatte. Eine Märtyrerin, fast eine Heilige für den Sohn und so malt er sie auch. Und weil ihm gerade italienische Renaissancebildnisse so gefallen, die einen Landschaftsausblick im Hintergrund zeigen, platziert er links neben den Kopf Katharinas die Feste Hohensalzburg. Er kann nicht ahnen, dass dieses Gemälde einmal hier im Museum landen wird und dass dort, wo jetzt noch das Lodronsche Familienpalais steht und wo früher der Renaissancepalast stand, den Erzbischof Wolf Dietrich für seinen Bruder Rudolf Hannibal hatte hinstellen lassen, ein Luxushotel namens »Bristol« erbaut werden wird, das stolz einen Makart ins Foyer hängt. Im Jahr darauf wird er nach München ziehen und mit einem Stipendium gesegnet, das der Erzbischof beschafft hat, und dort Schüler des Historienmalers Carl von Piloty und erklärter Liebling des berühmten Lenbach. Mit dreiunddreißig soll er als der wichtigste Künstler Wiens gelten, der zur Weltausstellung ein berauschendes Kostümfest gestaltet hat, der allein schon seiner Atelierfeste wegen von der höheren Gesellschaft umschwärmt wird und eine Kultfigur ist ohne Konkurrenz. »Schlecht gezeichnet und mit Hurensalbe lasiert«, wird ein Kritiker über die Bilder des Hans Makart lästern. Und der Malerkollege Moritz von Schwind wird erklären: »Diese Konzertpossen mit ihrem syphilitischen Hintergrund sind mir von Herzen zuwider.« Doch das irritiert die Wiener nicht, sie werden ihn vergöttern und imitieren; werden jenes Rot tragen, das sie Makart-Rot nennen, Spitzenkrägen und ausladende, mit Federn und Blüten verzierte Hüte, die nach ihm heißen, werden die speziell gezüchteten Makart-Rosen und Makart-Bouquets und Makart-Baisers kaufen. Könnte er hellsehen, dann sähe er nun, wie sich in zwanzig Jahren bereits die Wiener mit ihm schmücken und die Salzburger klarstellen wollen, dass Makart aber doch der ihre ist. In Salzburg geboren, von Wien nur adoptiert. Und wenn die Wiener ihn 1879 auch noch mit einer Professur dekorieren, werden die Salzburger ein Zeichen setzen und einen ihrer schönsten Plätze ihm zu Ehren umtaufen.

In der Residenz zu erleben
Ein Restaurator bei der Arbeit. Hier prüft er die Spannung der Leinwand an einem Gemälde – und steht damit in Makarts Tradition, der sich für konservatorische Fragen der Malkunst besonders interessierte.

Feste Hohensalzburg

Mönchsberg 37

Auf den höchsten Bastionsgärten oben, an der Feste Hohensalzburg, steht die pralle Sonne. Trotzdem trägt er ein Tweedjackett und Krawatte über dem weißen Hemd. Dafür hat er lang genug in England gelebt. Den Spazierstock in der Hand schlendert er über die Wiese, ein schlaksiger älterer Herr mit grauem Haar, das er vom steilen Hinterkopf nach vorn und in die Stirn gekämmt hat. Große dunkle Augen im zerknitterten Gesicht, über denen die Lider wie schwere Portieren herabhängen, schauen nimmermüde, stundenlang. Gekleidet zwar konventionell, benimmt er sich höchst ungewöhnlich. Legt einer Nonne in weißer Tracht den Arm um die Hüften, streicht einer blonden jungen Frau über die Locken, sagt zufrieden »Na also!«, zieht ein Bonbon aus der Tasche und schenkt es ihr. Küsst einen bärtigen Mann auf die Stirn. Dazwischen stellt er sich vor einem nackten oder kaum bekleideten Mädchen in Pose und spielt ihr etwas vor. Er, der Alte mit dem kurzen grauen Schopf, spielt eine Frau, die sich die Haare kämmt, einen Liebesbrief liest, den sie in ihrem Ausschnitt versteckt hatte, Kirschen isst und die Steine ausspuckt. Oder er preist die Figur der Mädchen vom Landestheater-Ballett drunten in der Stadt, die sich hier oben auf der Feste mit Stehen, Sitzen oder Liegen ein Zubrot verdienen. Und er begeistert sich in einem Wienerisch, das die Jahre im Ausland nicht verwässern konnten. »Schaut's nur das Kindl an. So schlank waren die griechischen Jünglinge. Einfach zauberhaft. Und so müssen S' dasteh'n, Fräulein ... so, jetzt ist's recht, ... gut, sehr gut.« Dann wandert er weiter herum zwischen den Staffeleien. Beobachtet beim Malen, begutachtet Ergebnisse, ermuntert die, die aufgeben wollen. »Nur net stagnieren«, ruft er immer wieder. »Nur net stagnieren.« Bleibt plötzlich stehen, deutet mit dem Spazierstock auf ein Bild, auf eine bestimmte Stelle darin, und schlägt er mit dem Wanderstock den Takt zu seinen Worten. »Nie zu viel Schwarz«, warnt er, »das macht das Bild schwer.« Oder er mahnt zur Vorsicht mit Blau. »Das ist eine gefährliche Farbe. Sie sollte verwendet werden wie das Gift des Apothekers – nur für einen besonderen Effekt.« Er weist nicht zurecht, er weist hin. Väterlich klingt es, wie er redet. Es sind mehr Frauen da als Männer. Das ist ihm angenehm – unter Frauen fühlt er sich besser, »weil die bestimmt niemand umgebracht haben«. Doch seine Leidenschaft gilt Männern wie Frauen, wenn sie nur begierig sind von ihm zu lernen. Und das spüren sie. »We all love him«, sagt eine junge Südafrikanerin. Und weil ihn alle lieben, sind sie mit allem einverstanden. Überall raucht er, auch in den denkmalgeschützten Räumen, seine Zigaretten. Von ihnen darf dort keiner rauchen, nur im Hof ist es erlaubt – das hat er ganz autoritär festgelegt, der Mann, der sich selbst »Anarchist ohne Bomben« nennt. Weil sie ihn lieben, bringen sie jedes Opfer. Schlafen unter primitivsten Bedingungen in dem kühlen, oft modrig riechenden Gemäuer der Feste, waschen sich eiskalt an einem kleinen Waschbecken, sparen das Geld, das sie für die Kursgebühren zahlen mussten, beim Essen in der Kantine, arbeiten besessen bis zur Erschöpfung. Und sind dann abends so erregt von dem, was mit jedem einzelnen passiert ist, dass sie bis in den Morgen hinein diskutieren. Oskar Kokoschka hat sie entflammt und nun brennen sie. Die mittelalterliche Festung Hohensalzburg, seit dem Krieg bis auf die kostbaren Schauzimmer ungenutzt, ist zum Schauplatz einer Schule geworden, in der die Schüler aus der ganzen Welt sich einig sind: nirgendwo lernen sie mehr als hier. Hier lernen sie zu sehen. »Wenn ich bewusst sehe«, schwärmt er ihnen vor, »ist das wie ein Zustand der Verzückung. Dem eines Sehers, eines Visionärs zu vergleichen.«

Über den Wolken
Die mittelalterliche Feste Hohensalzburg. Stefan Zweig verglich sie an solchen Tagen mit einem Schiff auf dem Nebelmeer.

Mitten im Leben
Kokoschka (1886–1980) als Lehrer. 1953 eröffnete er zusammen mit Friedrich Welz auf der Feste die »Schule des Sehens« als Teil der Sommerakademie und betrieb sie gemeinsam mit ihm bis 1963. Sie ist bis heute eine Attraktion für internationale Künstler. Seine Botschaft an jeden Schüler: »Es muss dir gefallen, was du malst, es ist nicht wichtig, ob es mir gefällt oder irgend jemand anderem.«

»Schule des Sehens« hat Oskar Kokoschka daher diesen Sommerkurs genannt, der seit 1953 jedem Interessierten offen steht. Aufnahmeprüfungen lehnt er ab. Ein Chirurg von sechzig nimmt an seinem Intensiv-Lehrgang genauso teil wie eine geistliche Lehrerin, Laien sind ebenso zugelassen wie Profis und mittellose Kunstbegeisterte ebenso wie reiche italienische Adlige oder die Frau des Festspielchefs Herbert von Karajan. Es gibt weder Alters- noch Standesgrenzen und nationale Grenzen erst recht nicht: Inder und Holländer, Spanier und Südafrikaner, Deutsche und Amerikaner, Italiener und Franzosen wollen hier die weltweite Sprache der Kunst lernen. Nichts ist wie an den üblichen Akademien, weswegen Kokoschka auch den Ausdruck »Sommerakademie« nicht leiden kann. Was hier vor sich geht, ist spontan, unberechnet und unberechenbar. Nur in Aquarellfarben darf gemalt werden, wo Korrekturen nicht möglich sind. Ölfarben »werden bloß in wochenlangen Anstrengungen verschmiert«, sagt er, »während die erste Vision verloren geht«. Regnet es, wird es zu heiß oder dräut am Horizont ein Gewitter, ziehen alle um nach drinnen. Einen ganzen Trakt der Hohensalzburg hat man Kokoschka eingeräumt. Dort, wo die Schmiede und die Schreinerei oder andere Handwerksbetriebe der erzbischöflichen Hofhaltung untergebracht waren, in den langgestreckten niedrigen Gängen, Hallen und Sälen, stehen nun Betten, Tische, Bänke, Stühle und Staffeleien herum. »Was ich will von euch«, sagt er, »ist, den inneren Frieden zu gewinnen, damit ihr denken lernt, damit ihr euch benehmen könnt wie Menschen. Dazu gehört, dass man ein Erlebnis hat, sooft eine Möglichkeit gegeben ist, dass einer die Augen aufmacht und es trifft ihn alleine dann wie ein Blitzstrahl, wie eine Gnade – und diese Gnade muss man dann wieder mit anderen teilen können.« Ein Viertelstundentakt bestimmt den Ablauf, denn alle fünfzehn Minuten wechselt das Modell auf Kokoschkas Bitte die Stellung. Manchmal wird sie von Kokoschka animiert, diese oder jene Szene nachzuspielen. Den Augenblick erfassen mit allen Sinnen – das will Kokoschka seinen Schülern beibringen. Nicht Details abpinseln, sondern das Wesentliche erkennen, spüren, darum geht es ihm. »Das Leben festhalten«, sei wichtig, »nicht die Knopflöcher, nicht die Fingernägel«. Oft ist er völlig erschöpft, wenn er abends, den Stock in der Hand, seinen Heimweg antritt zu seinem

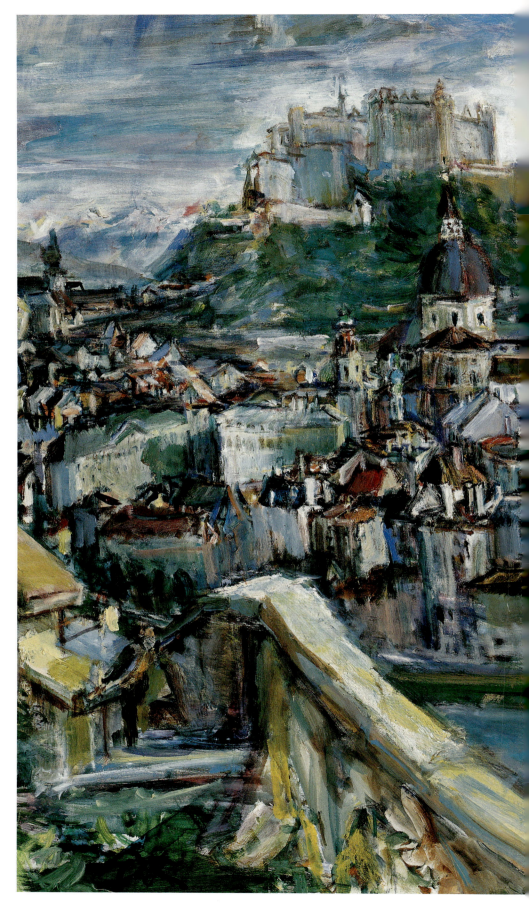

Jenseits jedes Kunstverstands
Den unvergesslichen Blick auf die Feste vom Kapuzinerberg aus malte Kokoschka 1950 auf Wunsch seines Freundes, des Galeristen Friedrich Welz. Salzburgs Stadtväter verschmähten die Ikone, die Bayerischen Staatsgemäldesammlungen kauften sie.

Feriendomizil zwischen Feste und Stadt, auf halber Höhe des Mönchsbergs. Die Drahtseilbahn meidet er, schon weil sie meistens überfüllt ist. Es gibt auch Tage, wo er morgens schon müde ist, weil er nach Festspielkonzert mit den Musikern geredet und gezecht hat bis lange nach Mitternacht. Aber kaum ist er unter seinen Schülern, wird er wach und sprüht. Kokoschka ist ein heiterer Mann bei aller Schwermut, die niemals von einem Menschen weicht, der aus der Heimat vertrieben worden ist. Es ist bereits fünfzehn Jahre her, dass in letzter Minute, im Oktober 1938, Kokoschka ins Exil nach London geflogen war – reichlich spät angesichts der Tatsache, dass Hunderte seiner Werke in Deutschland schon 1934 als »entartet« beschlagnahmt worden waren. Wichtig ist ihm, dass ihm alles Organisatorische vom Leibe gehalten wird. Das übernimmt sein Freund, der ihn mit ungeheurer Energie hierher und zu diesem Projekt verlockt hat, dieser schnauzbärtige Mann mit den silbernen Künstlerlocken und der schwarzen Brille, den er »Welzius« nennt. »Welzius« beschafft Möbel und Gelder, Lizenzen und Mäzene, künstliche Blumen und echte Modelle, Wandspiegel und Kostüme, einen Projektionsapparat für Vorträge oder einen Paravent. Er braucht seinen »Welzius«, weil der auch den zuständigen Stellen vermeldet, was dem Meister nicht passt, und ihn mit Zähnen und Klauen verteidigt. Wütend verwahrt sich Kokoschka immer wieder dagegen, dass sein Name nur als Magnet benutzt werde – und Friedrich Welz, genannt »Welzius«, nimmt ihm diese Angst. Es ist gut, dass Kokoschka manches nicht weiß über den tatkräftigen Freund, der in Salzburg prominent ist und in der internationalen Kunstwelt ein Begriff. In Salzburg schweigen sie sich darüber aus. Zumal auch die Salzburger, die anfangs versucht haben, die »Schule des Sehens« zu verhindern – diese Initiative eines »bolschewistischen Emigranten«, im Lauf der Jahre merken, wie zuträglich diese Institution dem Renommee ihrer Stadt ist: sie signalisiert Frische, innere Jugend, Spontaneität und Unkonventionalität. Warum

Außerhalb der Verantwortlichkeit
Der Galerist Friedrich Welz (1903–1980; hier in einer Lithographie von Oskar Kokoschka, 1963) machte das Festspielpublikum mit Klimt, Schiele und Kubin vertraut und brachte Kokoschka in die Stadt. Er stiftete den Grundstock für die »Moderne Galerie« und die Graphische Sammlung des Kunstmuseums Rupertinum. Die Kunstprojekte der Nazis förderte er mit dem gleichen Eifer.

Abseits des Rummels
Im Windschatten der Feste, auf der es bei der »Sommerakademie« turbulent zugeht, können Idyllen wie dieses bäuerliche Anwesen entdeckt werden.

also den Wiener Intimfreund vieler Juden darüber informieren, dass er die Notlage von denen, die fliehen mussten wie die Galeristin Lea Jaray-Bondi, schamlos ausnutzte? Dass sein Freund »Welzius« 1948 rechtskräftig dazu verurteilt worden ist, »entzogenes« jüdisches Vermögen den Eigentümern zurückzustellen – zum Beispiel die Kunstschätze der legendären Sammlung von Heinrich Rieger, der im KZ Theresienstadt ermordet wurde. Es würde nur böses Blut geben, wenn Kokoschka erführe, dass der gute »Welzius« den Blitzkrieg der Nazis gegen Frankreich genutzt hat, um sich im Windschatten der Wehrmacht enteigneten Kunstbesitz zu Ausverkaufspreisen zu verschaffen. Zehn Jahre, elf Sommer lang, wird die Gemeinschaft Welz-Kokoschka funktionieren und harmonieren. Künstler, die Kokoschka bestimmt und die Welz heranholt, leiten weitere Kurse, prominente Kreative aus der ganzen Welt verleihen der »Schule des Sehens« Glanz. Kokoschka selbst bleibt, was er ist und wie er heißt: Das Wort »kokoschka« meint im Tschechischen den kleinen Lederbeutel, den die Schäfer früher bei sich trugen; in ihm bewahrten sie selbst gepflückte Heilkräuter für die Herde auf: Er bleibt Lehrer seiner Schüler. 1963 verabschieden sich Kokoschka und Welz einvernehmlich von ihrer Institution und lassen andere weitermachen. Die Ära der Gründer ist vorbei. Welz stirbt mit 77 Jahren, am 5. Februar 1980, zwei Wochen vor dem greisen Kokoschka, geehrt als Ehrenprofessor und Senator der Universität Salzburg. Erst zwanzig Jahre später wird ein Salzburger Historiker namens Gert Kerschbaumer die Wahrheit schreiben über die Geschäfte des Kunsthändlers Friedrich Welz. Auflagen macht so ein Buch nicht. Auflagen machen die ausgezeichneten Publikationen der Galerie Welz über Klimt und Schiele, über Gerstl und natürlich Kokoschka. Und von sich reden macht nicht ein lokaler Aufmacher, sondern die nach wie vor leuchtende internationale Kunstszene auf der düsteren Feste.

Toscaninihof

Ausblick

Professor Dr. Peter Ruzicka, 1948 in Düsseldorf geboren, hat am Hamburger Konservatorium schon seit 1963, noch während der Schulzeit, Komposition, Klavier, Oboe und Musiktheorie studiert, nach dem Abitur außerdem Rechtswissenschaften, Betriebswirtschaft, Theaterwissenschaft und Musikwissenschaft an den Universitäten von München, Hamburg und Berlin und wurde 1977 zum Dr. jur. promoviert. Seit dem 1. Oktober 2001 ist er künstlerischer Leiter der Salzburger Festspiele, zuvor war er Intendant der Hamburgischen Staatsoper und des dortigen Philharmonischen Staatsorchesters, Intendant des Radio-Symphonie-Orchesters Berlin, künstlerischer Leiter der Münchner Biennale für neues Musiktheater und Präsident der Bayerischen Theaterakademie in München. Ruzicka ist nicht nur Manager. Primär ist er der Musikwelt bekannt als erfolgreicher Komponist und Dirigent. 1999 entstand seine Oper »Celan« nach einem Libretto von Peter Mussbach. Die meisten seiner Werke sind als CD erhältlich.

Weswegen hat Sie diese schwierige Aufgabe gereizt? Der Satz, den ich bereits in der Planungsphase überall auf der Welt zu hören bekam, hieß: Sie haben das wichtigste Festival der Welt geerbt. Und dem ist schwer zu widersprechen, weil es von der Qualität, vom Anspruch, von der Breite des Angebots, von der Reputation, von der Ausstrahlung her Zenit des internationalen Musiklebens ist. Dass alle Künstler in Salzburg auftreten wollen, wissen wir auch. Schon wegen der Produktionsbedingungen hier, wie sie sonst nirgendwo auf der Welt zu finden sind. Die Gestaltungsmöglichkeiten sind einzigartig. Zumal ich ja nun sowohl für Oper als auch für Konzerte zuständig bin, was Mortier und Landesmann sich noch aufgeteilt hatten. Und das bedeutet eine neue Chance, diese Bereiche, auch von den Künstlern her, zu vernetzen. Was mich reizt, ist Programme richtiggehend zu komponieren.

Sie sprechen immer wieder von »Salzburger Dramaturgie«. Was meinen Sie damit? Vor allem Programmlinien, die nicht auf ein Jahr beschränkt sind, sondern fortwirken. Das zielt besonders auch auf die Mozartplanung des Jahres 2006 hin, den 250. Geburtstag. Da erwartet man von uns etwas Besonderes und wir werden es bieten: Alle 22 Bühnenwerke Mozarts werden im Jubiläumsjahr zur Aufführung kommen. Wir mussten also mit meinem Amtsantritt anfangen, Neuinszenierungen zu sammeln – und internationale Koproduktionen vorzubereiten. Wesentlich für diese Mozartlinie wird Harnoncourt sein, der, was Mozart angeht, stilprägend ist. Auch Richard Strauss als Mitbegründer der Festspiele soll über Jahre hinweg, gleichsam von der Zukunft her gedacht, eine Programmlinie bilden, und dann natürlich die österreichischen Exilkomponisten, die mit ihren zentralen Werken unbedingt hierher gehören.

Warum gehören sie nach Salzburg? Weil die Festspiele die jüngere Vergangenheit nicht negieren dürfen. Diese Komponisten sind nach der Emigration während des Dritten Reichs und leider auch danach in Vergessenheit geraten, obwohl sie davor ungemein bedeutsam waren – Franz Schreker war in den zwanziger Jahren ebenso erfolgreich oder erfolgreicher als Richard Strauss. Das ist große Musik, die da zwischen Mahler und Schönberg entstanden ist. Es geht mir dabei um eine Neudefinition des europäischen Gedächtnisses. Und darum, Fragen neu zu stellen. Ich möchte ja nicht nur einen Informationsanspruch befriedigen, ich möchte auch die Frage nach der musikgeschichtlichen Wahrheit beantworten helfen.

Wo wollen Sie Traditionen aufbrechen, wie wollen Sie dem Vorwurf, alles nur schön zu machen, entkommen? Indem ich zum Beispiel musikalische Fragmente aufführen lasse. Fragmente werfen Fragen auf. Warum ließ der Komponist das Stück liegen? In welcher Befindlichkeit entstanden die vielen unvollendeten Stücke? Ist es klüger, sie komplettiert aufzuführen oder als Torso zu belassen? Es gibt also Fragmente mit aufregenden, oft auch ganz neuen Ergänzungsversuchen – angefangen bei Zemlinskys »König Kandaules«, der in meinem ersten Jahr aufgeführt wurde. Oder bei Puccinis »Turandot«, die ebenfalls im Festspielsommer 2002 Premiere hatte und für die Material von Berio für die Vervollständigung berücksichtigt wurde, das bisher nur im Panzerschrank von Ricordi lag. Aber es werden einige Fragmente auch unvermittelt da enden, wo der Komponist sie abgebrochen hat.

Sie haben ja auch Mozarts Requiem ohne die übliche Süßmayr-Vervollständigung aufgeführt. Mit welcher Absicht? Weil dadurch das Mozartbild wie durch viele andere Fragmente von ihm, die wir bringen werden, erheblich verändert wird. Wenn das Requiem im siebten Takt des Lacrimosa einfach abbricht, ist das einer der bewegendsten Momente, die es in der Musik geben kann.

Gilt dieses Konzept, Fragezeichen statt Ausrufezeichen zu setzen, auch in anderer Hinsicht? Ja, das ist eine Programmstrategie von Aufführung und Reflektion. Ich will mehr Werkstattcharakter in die Festspiele hineinbringen, den Entstehungsprozess einer Aufführung nachvollziehbar machen. Deswegen freue ich mich, dass wir dem Publikum Gelegenheit geben können, in den Diskurs mit den Künstlern einzutreten. Mit Regisseuren, Dirigenten, Musikern zu diskutieren. Und das Bedürfnis, mehr Einblick zu nehmen, ist vor allem bei der Fülle von Uraufführungen sehr groß. Da sind dann auch die Komponisten da – zum Anfassen. Das überwindet Berührungsängste mit Gegenwartsmusik.

Was strengt Sie hier am meisten an – verglichen mit Ihren vorherigen Aufgaben im Musik-Management? Der Rhythmus. Über den Winter gibt es nur 160 Mitarbeiter – ein sehr überschaubares Team. Im Sommer springt die Zahl dann auf 3000 und sinkt wieder genauso jäh ab. Das ist sehr gewöhnungsbedürftig. Wenn ein Regisseur an einem großen Haus Schlussproben macht, dann kann das dieses Haus an den Rand des Leistbaren bringen, und wenn hier sieben Regisseure gleichzeitig auf sieben Bühnen Schlussproben abhalten, wird das zu einer unvorstellbaren Herausforderung, zumal ja noch 120 Konzerte dazu kommen.

Wo sehen Sie selbst Ihre besondere Eignung als Festspielchef? Ich denke, dass ich mit den Künstlern unmittelbar über künstlerische Inhalte sprechen kann. Weil ich eben auch ihre, die andere Seite kenne. Dadurch mag es gelingen, aus vielen Programmentscheidungen ein Ganzes zu gestalten, gegenläufige Publikumsströme etwa wieder zusammenzuführen.

Wie kann das funktionieren? Zum Beispiel über Künstler, die hier wie dort auftreten und die das wechselseitige Interesse wecken – Gidon Kremer oder Simon Rattle. Nun komme ich ja von der Neuen Musik, deshalb wollte ich die wesentlichen Linien der Programmgestaltung selbst entwerfen. Da lag es nahe, das zur Chefsache zu erklären. Das neue Konzept sind die »Salzburg Passagen«.

Was ist das Neue daran? Mein Wunsch ist, dass sich allein programmatisch, also ganz von selbst, Verbindungslinien zwischen alter und Neuer Musik erklären. Zwischen Lachenmanns »Fassade« und Mahlers 6. Sinfonie, zum Beispiel. Da wird die fremde, neue Sprache des Gegenwartskomponisten nah und verstehbar. Die Neue Musik erklärt sich durch die alte und auch ein Nicht-Spezialist merkt, dass Werke sich gegenseitig erhellen können.

Was hat Sie dazu gebracht, nicht der Laufbahn als Musiker treu zu bleiben? Ich habe erst später Interesse am Ermöglichen von Kunst bekommen und mir das Rüstzeug dazu verschafft. Der Wunsch, als freischaffender Komponist ganz der Musik zu leben, wurde vielleicht auch von der Sorge beeinträchtigt, dann ganz allein im Elfenbeinturm eingekapselt zu sein. Ich wollte Nähe. Und ich fühle mich jetzt auf der Seite des kreativen Ermöglichers wohl.

Und wenn Sie nur noch eins sein dürften – Manager oder Künstler? Dann würde ich in letzter Reduktion Künstler sein. Wenn ich mich entscheiden müsste, bliebe wohl nur der Komponist übrig.

Haben Sie Ihre Musikalität von den Eltern geerbt? Nein, in der vorvorigen Generation gab es Musiker, aber meine Eltern waren nur passiv musikalisch. Doch sie haben es mir zum Beispiel sehr früh ermöglicht, nach Salzburg zu fahren – 1964, als 16-jähriger habe ich hier im Großen Festspielhaus eine unvergessliche »Elektra« unter Herbert von Karajan mit Astrid Varnay und Martha Mödl gehört. Hätte ich das nicht erlebt, wäre mein Leben anders verlaufen.

In dem Alter können sich aber die meisten Jugendlichen keine Karte leisten. Und die Überalterung der Festspiele wird deswegen mehr und mehr zum Problem. Ja, deshalb kämpfe ich um etwas und bin schon ziemlich weit damit, was ich in Hamburg eingeführt habe und auch hier durchsetzen will. Dort war es so, dass für jede Vorstellung, jede Premiere, jede Gala hundert Karten zum Kinopreis abgegeben wurden. Das ist hier bei der Fülle der Veranstaltungen schon ein ganz ansehnlicher Differenzbetrag. Ich habe jetzt zum ersten Mal mit einem Mäzen gesprochen, der wie ich eines sieht: dass es elementar ist, hier den Wechsel auf die Zukunft vorzubereiten. Im Übrigen werden wir die schon vorhandenen Jugendprogramme weiter ausbauen.

Hat keiner Sie gewarnt vor dem, was hier auf Sie zukommen könnte? Es gab da schon warnende Stimmen, bei aller Zustimmung. Immer wieder fiel das Wort Schlangengruben. Da habe ich darauf hingewiesen, dass meine beiden Eltern in der k. u. k.-Monarchie geboren wurden – mein Vater kommt aus der Umgebung von Prag und die Mutter aus der Gegend von Klagenfurt – ich also eigentlich ein Halbösterreicher bin, dem das Wissen um Schlangengruben mitgegeben wurde. Außerdem: Reibungen und künstlerische Umwege gehören zu jedem Theaterbetrieb. Ich versuche mein Bestes, um mögliche Konflikte zu moderieren.

Was ist Ihr Langzeit-Ziel? Was würden Sie am Ende Ihrer Intendantenzeit hier gern über Ihre Ära hören? Wenn genau dieses Wort dann möglich wäre, das ich noch weit von mir weise und Mortier für sich wirklich in Anspruch nehmen kann: eine Ära. Wenn Außenstehende sagen: da ist eine Handschrift sichtbar geworden, da hat sich ein ästhetisches und inhaltliches Konzept erfüllt. Eine Ära zu schaffen wäre mein Wunsch – und sollte ich das schaffen, dann wäre ich glücklich und würde mich zufrieden meinem Spätwerk als Komponist zuwenden.

Bibliographie — Auswahl

A. Zu Mozart und der Mozart-Familie

ANGERMÜLLER, RUDOLPH: Das Salzburger Mozart-Denkmal. Eine Dokumentation (bis 1845) zur 150-Jahre-Enthüllungsfeier. Internationale Stiftung Mozarteum, Salzburg 1992

MOZART, MARIE ANNE: meine tag ordnungen. Nannerl Mozarts Tagebuchblätter 1775–1783 mit Eintragungen ihres Bruders Wolfgang und ihres Vaters Leopold, hrsg. und kommentiert von Geneviève Geffray unter Mitarbeit von Rudolph Angermüller. Internationale Stiftung Mozarteum. Bad Honnef 1998

MOZART, WOLFGANG AMADEUS: Briefe und Aufzeichnungen. Gesamtausgabe in sieben Bänden, Kassel, Basel, Paris, London, New York 1962–1975

RIEGER, EVA: Nannerl Mozart. Leben einer Künstlerin im 18. Jahrhundert. Frankfurt a. M. 1991

B. Zu Personen in Salzburg

ADLER, GUSTI: … und vergessen Sie nicht die chinesischen Nachtigallen. Erinnerungen an Max Reinhardt. München, Wien 1980

BACHMANN, ROBERT: Karajan. Anmerkungen zu einer Karriere. Düsseldorf, Wien 1983

BÄUMER, ANGELICA UND GISELA PROSSNITZ (HRSG.): Gottfried von Einem und die Salzburger Festspiele. Eine Publikation (zur Ausstellung) der Salzburger Festspiele. Salzburg 1998

BASIL, OTTO: Georg Trakl in Selbstzeugnissen und Bilddokumenten. Rowohlts Monographien 106, Reinbek bei Hamburg 1965

BÖHM, HANS (HRSG.): Moissi. Der Mensch und der Künstler in Worten und Bildern. Mit 40 Beiträgen von namhaften Persönlichkeiten. Berlin 1927

ENDLER, FRANZ: Karajan. Eine Biographie. Hamburg 1992

FRODL, GERBERT (HRSG.): Hans Makart. Entwürfe und Phantasien. Ausstellung in der Hermesvilla in Wien 17.4.–29.6.1975. Hrsg. vom Kulturamt der Stadt Wien. Salzburg 1975

GALLWITZ, KLAUS (HRSG.): Makart. Katalog zur Ausstellung in der Staatlichen Kunsthalle Baden-Baden 23.6.–17.9.1972

HADAMOWSKY, FRANZ: Richard Strauss und Salzburg. Salzburg 1963

HADAMOWSKY, FRANZ: Reinhardt und Salzburg. Salzburg 1964

HANISCH, ERNST UND ULRIKE FLEISCHER: Im Schatten berühmter Zeiten. Salzburg in den Jahren Georg Trakls. Salzburg 1986

HOLZMEISTER, CLEMENS: Architekt in der Zeitenwende 1887–1914. Selbstbiographie und Werkverzeichnis. Salzburg, Stuttgart, Zürich 1976

JEFFERSON, ALAN: Lotte Lehmann. Eine Biographie. Zürich 1991

KINDER, SABINE UND ELLEN PRESSER (HRSG.): Die Zeit gibt die Bilder, ich spreche nur die Worte dazu. Stefan Zweig 1881–1942. Ausstellungs-Katalog der Stadtbibliothek am Gasteig, München 20.1.–26.3.1993

KINDERMANN, HEINZ: Hermann Bahr. Ein Leben für das europäische Theater. Graz, Köln 1954

KOKOSCHKA, OSKAR: Mein Leben. München 1971

KUNZ, OTTO: Richard Mayr. Mit einem Vorwort von Lotte Lehmann. Graz, Wien, Berlin 1922

LORENZ, HELLMUT: Johann Bernhard Fischer von Erlach. Zürich, München, London 1992

MEYSELS, LUCIAN O.: In meinem Salon ist Österreich. Berta Zuckerkandl und ihre Zeit. Wien, München 1985

MITTERMAYER, MANFRED UND SABINE VEITS-FALK (HRSG.): Thomas Bernhard und Salzburg. 22 Annäherungen. Begleitbuch zur Ausstellung im Salzburger Museum Carolino Augusteum 10.6.–28.10.2001. Salzburg 2001

PIRCHAN, EMIL: Hans Makart. Wien 1954

PRATER, DONALD: Stefan Zweig. Das Leben eines Ungeduldigen. München, Wien 1981

RUEB, FRANZ: Mythos Paracelsus. Werk und Leben von Philippus Aureolus Theophrastus Bombastus von Hohenheim. Berlin, München 1995

SACHS, HARVEY: Toscanini. Eine Biographie. München, Zürich 1980

STAHL, EVA: Marcus Sitticus. Leben und Spiele eines geistlichen Fürsten. München, Wien 1988

STERN, CAROLA: Die Sache, die man Liebe nennt. Das Leben der Fritzi Massary. Berlin 1998

THIMIG-REINHARDT, HELENE: Wie Max Reinhardt lebte. Percha, Kempfenhausen am Starnberger See 1973

WAITZBAUER, HARALD: Thomas Bernhard in Salzburg. Alltagsgeschichte einer Provinzstadt 1943–1955. Wien, Köln, Weimar 1995

WAGGERL, KARL HEINRICH: Das Lebenshaus. Zürich 1956

WALLY, BARBARA (HRSG.): Die Ära Kokoschka. Internationale Sommerakademie für Bildende Kunst, Salzburg 1953–1963, I.S.A.S. 1993

ZUCKERKANDL, BERTA: Österreich intim. Erinnerungen 1892–1942. Hrsg. von R. Federmann. Frankfurt a.M., Berlin, Wien 1970

ZUCKMAYER, CARL: Als wär's ein Stück von mir. Horen der Freundschaft. Frankfurt a. M. 1975

ZWEIG, STEFAN: Die Welt von gestern. Erinnerungen eines Europäers. Frankfurt a. M. 1949

C. Zur Stadt Salzburg

BAHR, HERMANN: Salzburg. Berlin 1914

DOPSCH, HEINZ UND HANS SPATZENEGGER (HRSG.): Geschichte Salzburgs. Stadt und Land, Band I, Teil 1–3. Salzburg 1981–1991

EDER, P. PETRUS UND GERHARD WALTERSKIRCHEN (REDAKTION): Das Benediktinerstift St. Peter in Salzburg zur Zeit Mozarts. Musik und Musiker – Kunst und Kultur. Hrsg. von der Erzabtei St. Peter in Zusammenarbeit mit dem Institut für Musikwissenschaft der Universität Salzburg. Salzburg 1991

HANISCH, ERNST: Gau der guten Nerven. Die nationalsozialistische Herrschaft in Salzburg 1938–1945. Salzburg 1997

KÄSTNER, ERICH: Der kleine Grenzverkehr oder Georg und die Zwischenfälle. Zürich 1938

KAMMERHOFER-AGGERMANN, ULRIKE, ALMA SCOPE UND WALBURGA HAAS: Trachten nicht für jedermann? Heimatideologie und Festspieltourismus dargestellt am Kleidungsverhalten in Salzburg zwischen 1920 und 1938. Salzburger Landesinstitut für Volkskunde 1993

PETERNELL, PERT: Salzburg-Chronik. Salzburg 1984

Ritschel, Karl Heinz: Salzburg. Anmut und Macht. Salzburg 1995
Sedlmayr, Hans: Die demolierte Schönheit. Ein Aufruf zur Rettung der Altstadt Salzburgs. Salzburg 1965
Sedlmayr, Hans: Stadt ohne Landschaft. Salzburgs Schicksal morgen? Salzburg 1970
Zaunschirm, Thomas: Die demolierte Gegenwart. Mozarts Wohnhaus und die Salzburger Denkmalpflege. Klagenfurt o. J.

D. Zu den Festspielen

Fuhrich, Edda und Gisela Prossnitz: Die Salzburger Festspiele, Band I: 1920–1945. Salzburg, Wien 1990

Hofmannsthal, Hugo: Festspiele in Salzburg. Frankfurt a. M. 1952
Kaut, Josef: Festspiele in Salzburg. Salzburg 1965
Kerber, Erwin (Hrsg.): Ewiges Theater. Salzburg und seine Festspiele. München 1935

Kolb, Anette: Festspieltage in Salzburg. Frankfurt a. M. 1966
Kutscher, Artur: Vom Salzburger Barocktheater zu den Salzburger Festspielen. Düsseldorf 1939
Steinberg, Michael P.: Ursprung und Ideologie der Salzburger Festspiele 1890–1938. Salzburg, München 2000
Tenschert, Roland: Salzburg und seine Festspiele. Wien 1947

Register

Adlgasser, Familie 39
Adlgasser, Cajetan 31 f.
Aichinger, Ilse 84
Albrecht VI., Herzog von Bayern 165
Alt, Salome von 141, 144, 147
Alter Markt 149, 150
Altmann, Lotte, Gefährtin Stefan Zweigs 93, 95
Anif, St. Oswald 72, 73
Antretter, Familie 36 f., 39
Antretter, Thaddaeus 37
Apotheken
    Alte fürsterzbischöfliche Hofapotheke 189
    Zum Goldenen Biber 104 f.
    Zum Weißen Engel 90 f.
Artmann, H.C. 83 f., 193
Bahr, Hermann 7, 8, 13, 83, 137, 173
Bahr-Mildenburg, Anna 175, 176, 179
Barisani, Sylvester 39
Barisanihaus, Sigmund-Haffner-Gasse 12 39–43, 45
Berchtold zu Sonnenburg 39 f., 43–45
    s. Mozart, Maria Anna
Bergner, Elisabeth 63
Bernhard, Thomas 13, 97 f., 101, 193
Biber, Heinrich Franz Ignaz 55, 57
Bonnema, Albert 12 f.
Borostyáni, Sandor 105
Brecht, Bertolt 57, 84, 87
Bürgleinstraße 149
Calderon de la Barca, Pedro 13, 175
Canetti, Elias 93

Carolina Augusta, Kaiserin 35
Casa, Lisa della 63, 64, 67, 68
Castello, Elia 147
Ceconi, Valentin und Jacob 137
Clementi, Muzio 47
Cooper, Sir Alfred Duff und Diana 131 f.
Czifra, János 19, 54 f.
Czinner, Paul 63, 67
Debeljevic, Dragan 63, 67
Dietrich, Marlene 125, 137, 139
Dom St. Virgil 18–23, 155, 161 f., 189
Domplatz 14, 161–163
Dürer, Albrecht 55
Duncan, Isadora 139
Edelmann, Bruno 64, 68
Egedacher, Johann Christoph 55
Eich, Günther 84
Eich, Clemens 84
Einem, Gottfried von 57, 84, 87
Erzbischöfe von Salzburg (mit Regierungsdaten)
    Franz Anton Fürst von Harrach (1709–1727) 31, 144
    Hieronymus Graf Colloredo (1772–1803) 19, 51
    Johann Ernst Graf Thun (1687–1709) 57, 117 f., 144
    Leonhard von Keutschach (1495–1519) 105, 109
    Leopold Anton Freiherr von Firmian (1727–1744) 182
    Marcus Sitticus von Hohenems (1612–1619) 8, 10, 19, 147, 165, 167, 169, 170, 173

Max Gandolf Graf Kuenburg (1668–1687) 55, 57
Pilgrim II. von Puchheim (1365–1396) 55
Ignatius Rieder (1918–1934) 173, 175 f.
Sigismund III. Graf Schrattenbach (1753–1771) 19, 31 f.
Wolf Dietrich von Raitenau (1587–1612) 14, 19, 141, 144, 147, 199
Faistauer, Anton 191
Felsenreitschule 63, 120 f., 155
Ferres, Veronica 158 f.
Festspiele, Salzburger 8, 10, 14, 63 f., 74, 101, 149, 155, 161–163, 173, 175 f., 179, 181, 207–211
    »Faust« 13, 121, 125, 139
    »Jedermann« 8, 13, 84, 121, 137, 149, 154–163, 175
    »Das Mirakel« 131–135
    »Das Salzburger Große Welttheater« 13, 139, 175–179
    Osterfestspiele 74
    Pfingstkonzerte 74
Fischer von Erlach, Johann Bernhard 43, 77, 117, 175, 179
Franz II., Kaiser 59 f.
Franz Joseph I., Kaiser 77, 155, 197
Friedell, Egon 181 f., 185
Friedhof St. Sebastian 43–45, 57, 113–115
Friedhof St. Peter 45, 60 f., 197
Friedel, Gernot 161
Ganz, Bruno 97
Garbo, Greta 137, 139

Gehmacher, Friedrich 13, 173
Georg Trakl Forschungs- und Gedenkstätte 90
George, Heinrich 161
Getreidegasse 9, Mozarts Geburtshaus 24–29
Girardi, Alexander 155
Goebbels, Joseph 117, 121
Großes Festspielhaus, Hofstallgasse 63–69
Güden, Hilde 67, 68
Guggenheim-Museum 20
Guggenheim-Foundation 189
Habsburg, Österreichisches Kaiserhaus 35
Hagenauer, Lorenz 25, 26, 60
Hagenauer, Cajetan Rupert, später Pater Dominicus und Abt von St. Peter 47, 51, 60
Hagenauerhaus, Mozarts Geburtshaus 24–29
Haffner, Familie 39, 60
Haffner, Sigmund 39
Haibel, Sophie, Schwester von Constanze Mozart 37, 45
Hampson, Thomas 64, 70, 71
Handke, Peter 81, 87, 193
Hans von Burghausen 77
Hansen, Hans 35, 48
Harnoncourt, Nikolaus 64, 207
Harta, Felix 191
Hartmann, Rudolf 63 f., 68
Harzer, Jens 159
Haydn, Johann Michael 31 f., 51, 57, 59 f.
Henkerhäuschen 109–111
Herzog-Busek, Hoteliers 129
Hildebrandt, Johann Lukas von 32, 141
Hinterseer, Philipp 51
Hitler, Adolf 8, 14, 57, 105, 117 f., 121, 125, 181, 191
Hörbiger, Attila 137, 139
Hofhaymer, Paul von 55
Hofmannsthal, Hugo von 7 f., 10, 13 f., 64, 67, 89, 94, 106, 139, 159, 161, 175 f.
Hohensalzburg, Feste 7, 20, 22 f., 106 f., 108 f., 147, 199, 200–205
Hollein, Hans 189
Holzmeister, Clemens 60, 63, 68, 121, 125, 189
Horthy, Miklós, Reichsverweser von Ungarn 117 f.
Hotels und Gaststätten
 Augustiner Bräustübl 122
 Berger-Bräu 89
 Café Bazar 83, 94, 97, 129, 136–139, 149
 Café Tomaselli 6 f., 47, 83, 90, 148–151, 155
 Grand Café Winkler 149
 Goldener Hirsch 129
 Hotel Bristol 129, 137, 199
 Hotel de l'Europe 129, 137
 Hotel Sacher, früher Österreichischer Hof 129, 130 f., 137
 Kobenzl 129
 Pfefferschiff 129
 Schlossgasthof Aigen 84, 129
 Schloss Mönchstein 129
 Scio's Specereyen 26
Hübner, Beda von, Abt von St. Peter 51
Internationale Stiftung Mozarteum 29, 43
d'Ippold, Franz Armand, Freund von Nannerl 40, 43
Jäkel, Gisbert 13
Jung, Louis 129
Kaigasse 113
Kapitelplatz 14
Kapuzinerkloster 83
Kapuzinerberg 94 f., 117, 202
Karajan, Eliette von 73 f., 129
Karajan, Herbert von 63, 67, 73 f., 129, 193, 195, 208
Katharina die Große, Zarin von Russland 129
Kirchen
 Dreifaltigkeitskirche 39, 43
 Elisabethkirche 155
 Franziskanerkirche 20, 22–23, 76–79, 83
 Kollegienkirche 13, 20, 22–25, 155, 174–179, 181, 189
 Michaelerkirche 34 f.
 St. Peter, Stift und Stiftskirche 20, 22–23, 45, 46–51, 150, 189
 Sebastianskirche 113–115
Klimt, Gustav 83, 191, 204
Kokoschka, Oskar 191, 193, 201–204
Konditorei Schatz 189
Konditorei Ratzka 189
König, Franz Xaver 31, 51
Konstantinturm 57, 84
Kozena, Magdalena 64–67
Krämer, Günter 13, 125
Krafft, Barbara 29, 189
Krauss, Werner 8, 161
Kraus, Karl 175 f.
Kubin, Alfred 191, 204
Kusej, Martin 66–68
Landestheater, Schwarzstraße 22 97–101
Lanz, Trachten- und Sporthaus 137, 139
Lange, Aloysia, Schwester von Constanze Mozart 45, 48, 51
Legge, Walther 67
Lehmann, Lilli 57
Lehmann, Lotte 137
Levine, James 71
Linzer Gasse 113–115
Liszt, Franz 35, 77
Longo, Robert 106, 195
Ludwig I., König von Bayern 35, 37, 77, 185
Ludwig, Christa 67
Luisi, Fabio 13
Mahler-Werfel, Alma 122, 159
Makart, Amalie 196 f.
Makart, Hans 191, 196 f., 199
Makartplatz, ehemals Hannibalplatz 26
Mann, Thomas 83, 87, 93, 122, 139
Manners, Lady Diana 131 f., 135
Marie Therese, Gemahlin Kaiser Franz II. 59 f.
Maria Theresia, Kaiserin 25, 59
Mascagni, Donato (Fra Arsenio) 165, 169
Maximilian I., Herzog von Bayern 144, 147
Mayr, Richard 60, 64
Mesmer, Franz Anton 32
Mirabellgarten 47, 144 f., 147
Mirabellplatz 141, 193, 197
Molière, Jean-Baptiste 121, 181 f., 185
Mönchsberg 20, 60, 84, 87, 125, 149, 189, 200–205
Moissi, Alexander 94, 155, 161 f., 175 f., 179
Mortier, Gérard 106, 195, 210
Mozart, Anna Maria, geb. Pertl, Mutter von Wolfgang 25, 40 f.
Mozart, Carl Thomas, Sohn von Wolfgang 35, 37
Mozart, Constanze, geb. Weber, Frau von Wolfgang 35, 37, 43, 45, 47 f., 51, 57
Mozart, Franz Xaver, Sohn von Wolfgang 35, 37, 45
Mozart, Leopold, Vater von Wolfgang 19, 31, 40, 43, 45, 47 f., 51, 59, 150
Mozart, Maria Anna, »Nannerl«, verh. Berchtold von Sonnenburg, Schwester von Wolfgang 25, 31, 37, 39–45, 48, 51
Mozart, Wolfgang Amadeus 7, 13, 17–51, 55, 59, 63, 129, 150
 »Bastien und Bastienne« 32
 »Apollo et Hyacinthus« 51
 »Don Giovanni« 63–68, 74, 149

»Die Entführung aus dem Serail« 47
»Lucio Silla« 106, 195
»Mitridate« 195
»Messe c-Moll« 47
»Krönungsmesse« 19
»Dominicusmesse« 47
»Nozze di Figaro« 71, 149
»Requiem« 45
»Il Sogno di Scipione« 19
»Die Schuldigkeit des ersten Gebots« 31 f.
»Die Zauberflöte« 63
Mozartdenkmal, Mozartplatz 34–37
Mozarteum, Schwarzstraße 26 71, 74, 75
Mozartplatz, ehemals Michaelerplatz 14, 34–37, 45
Muffat, Georg 55, 57
Mussbach, Peter 106, 195, 207
Nissen, Georg Nikolaus von, zweiter Mann von Constanze Mozart 43–45, 150
Nonnberg, Benediktinerinnenstift 132–135, 144
Novello, Mary und Vincent 45
Otto, Theo 63 f., 68
Pacher, Michael 77
Pallenberg, Max 121 f., 125, 182, 185
Paracelsus von Hohenheim 55, 113 f.
Paumgartner, Bernhard 60, 73, 161 f.
Pertl, Eva Rosina, Mutter der Anna Maria Mozart 45
Peymann, Claus 97, 101
Pfeifergasse 89, 114
Pinchot, Rosamond 131 f., 135
Pisaroni, Luca 66 f.
Platzl 114
Pock, Rosa 83 f.
Poelzig, Hans 170, 173
Rehberg, Hans-Michael 159
Reinhardt, Max 7 f., 13 f., 59, 74, 94, 118, 121 f., 125, 131 f., 135, 137, 139, 149, 153, 155, 161 f., 173, 175 f., 179, 181 f., 185, 195
Residenz, Residenzplatz 1 19, 31–33, 199
Residenzgalerie 197
Residenzplatz 14 f., 121, 197
Robinig, Familie 47
Robinighof 155
Roller, Alfred 176, 179
Ropac, Thaddaeus 186, 191–195
Rottmayr, Johann Michael 179, 189
Rudolf II., Kaiser 144, 147
Ruzicka, Peter 64, 206–208, 210

Sander, Otto 97
Schlösser
    Bürglstein 83
    Emsburg 167, 169
    Emslieb 169, 193
    Hellbrunn 10 f., 147, 155, 164–173, 197
    Kleßheim 105, 116–119, 139,
    Leopoldskron 137, 155, 180–185
    Mirabell, ehemals Altenau 140–147, 155
    Monatsschlösschen 8 f., 173
    Paschinger Schlössl 93–95
Schmidt, Johann Martin 51, 189
Schnitzler, Arthur 14, 93
Schuh, Oscar Fritz 149
Schulman, Otto 74
Schwanthaler, Ludwig Michael 35
Schwarzstraße 97, 131, 137–139
Schwarzkopf, Elisabeth 63, 67
Sedlmayr, Hans 105 f.
Sigmund-Haffner-Gasse 12 39–45, 144
Simonischek, Peter 154–157
Singer, Pater Peter 77
Solari, Santino 19
Solari, Antonio 167
Sommerakademie »Schule des Sehens« 193, 201–205
Spiel, Hilde 98
Staiger, Anton 149 f.
Stefan-Zweig-Stiege 93
Steingasse 90, 93, 193
Stiglmaier, Johann Baptist 35
Strauss, Richard 7 f., 10, 13, 57, 64, 67, 93, 125, 127, 173, 195, 207
    »Die ägyptische Helena« 8, 57
    »Arabella« 8
    »Ariadne auf Naxos« 8, 57
    »Der Bürger als Edelmann« 57
    »Elektra« 8, 57, 74, 208
    »Die Frau ohne Schatten« 8, 57
    »Die Liebe der Danae« 8, 10, 12 f., 124 f.
    »Der Rosenkavalier« 8, 57, 63, 67, 74
    »Die schweigsame Frau« 13
Stückl, Christian 155, 159, 162
Tanzmeisterhaus, Wohnhaus der Mozarts am Makartplatz 40, 43
Thimig, Helene 135, 139, 149, 173, 181, 185
Thimig, Hermann 149
Tomaselli, Vera 138 f.

Tomaselli, Richard 139
Toscanini, Arturo 59, 71, 137, 139
Toscaninihof 207–211
»Toujours Mozart«, Musikfestival zu Mozarts Geburtstag 30–32
Trakl, Georg 13, 89–91
Trapp-Familie 135
Troll, Maria von = Irma von Troll-Borostyáni 105
Untersberg 84
Villa Kast 193
Villa Arenberg 193
Vollmoeller, Karl 131
Waagplatz 89–91
Waggerl, Heinrich 139
Wagner, Richard 13, 57
Walderdorff, Emmanuel Graf 129
Walter, Bruno 13, 74, 93, 122, 139
Weber, Familie 43–45, 48
Weber, Cäcilia, Mutter der Constanze 48, 57
Weber, Genoveva, Mutter von Carl Maria 45, 57
Weber, Carl Maria 45
Weigel, Helene 84
Weiß, Johann Baptist 51
Welz, Friedrich 191, 201 f., 204
Werfel, Franz 14, 93
Wessely, Paula 125, 137, 139
Wolf, Hugo 57
Zenzmaier, Josef 80, 83
Zuckerkandl, Bertha 83
Zuckmayer, Carl 122, 125, 139
Zuckmayer, Alice 122, 125
Zweig, Friderike, geb. von Winteritz 93–95
Zweig, Stefan 13 f., 55, 80, 83, 93–95, 122, 201

Bildnachweis

Alle Fotografien von THOMAS KLINGER.
Die Abbildungen ohne Bildlegende zeigen:
S. 16 Türklopfer mit Äsculapnatter an Mozarts Geburtshaus, S. 50 Violinhals und Partitur, S. 70 Thomas Hampson, S. 80 Denkmal des Schriftstellers Stefan Zweig von Josef Zenzmaier, S. 102 Kandelaber im Schlafzimmer des Erzbischofs (Residenz), S. 126 Champagnerflöten im Hotel Sacher, S. 152 Guckfenster auf Domplatz, S. 186 Thaddaeus Ropac im Garten von Schloss Emslieb, S. 192 Thaddaeus Ropac, S. 206 Peter Ruzicka, S. 209 Kulisse zu »Turandot«, S. 210 Malsaal des Festspielhauses

Historische Abbildungen:
ANRATHER, OSKAR, SALZBURG:
S. 141 (anonymes Miniaturbildnis um 1588; Original in der Erzabtei St. Peter, Salzburg)
ARCHIV FÜR KUNST UND GESCHICHTE, BERLIN:
S. 8 (Foto um 1925), 19 (Gemälde von Johann Michael Greiter, Original im Museum Carolino Augusteum, Salzburg), 25, 48, 57 (Foto von 1889), 74 (Foto von Erich Lessing, 1957), 93, 97 (Thomas Bernhard auf seinem Vierkanthof in Ohlsdorf, Oberösterreich; Foto von Brigitte Hellgoth, 1981), 113 (unbezeichneter Kupferstich von August Hirschvogel, 1540, nachträglich koloriert), 129 (undatiertes Gemälde wohl von Virgilius Erichsen, Original im Wologda, Kunstmuseum), 169, 170 (Radierung von Karl Hempel nach August Franz Heinrich Naumann, 1793), 181 (Foto von Lotte Jacobi, New York, 1936), 191
ARCHIV DER SALZBURGER FESTSPIELE: S. 173
ARCHIV DER SALZBURGER FESTSPIELE, ELLINGER:
S. 121 (Foto von 1920), 131, 132 (Foto von 1915), 155 (Foto von 1920), 182 (Max Reinhardt mit Gästen, darunter Lilian Gish, Nino Nino, Fritz von Unruh, Fürst Schwarzenberg, Rudolf Kommer; Foto von 1928)
ARCHIV DER STADT SALZBURG: S. 77 (Foto von Carl Hintner, um 1880)
ARTOTHEK, WEILHEIM: S. 202/203
BILDARCHIV PREUSSISCHER KULTURBESITZ, BERLIN: S. 13 (Foto von Erich Salomon, um 1930), 35, 39
GESELLSCHAFT DER MUSIKFREUNDE, WIEN:
S. 29 (Gemälde von 1819; Original in der Sammlung Gesellschaft der Musikfreunde in Wien), 51 (Gemälde um 1765/70, Pietro Antonio Lorenzoni zugeschrieben. Original ebenda), 59 (Original ebenda)
HOLZMEISTER, CLEMENS, HALLEIN: S. 68
INTERFOTO, MÜNCHEN: S. 83 (Foto von Rudolf Dürkoop, 1913), 84 (anonymes Foto, vor 1957)
INTERNATIONALE STIFTUNG MOZARTEUM, SALZBURG: S. 40/41
LAUTERWASSER, SIEGFRIED, ÜBERLINGEN:
S. 73 (Foto von 1970)
ÖSTERREICHISCHE NATIONALBIBLIOTHEK, WIEN:
S. 175 (anonymes Gemälde, um 1735. Original in der Camera Praefecti der ÖNB, Wien)
SALZBURGER MUSEUM CAROLINO AUGUSTEUM:
S. 7, 31, 105 (Foto von 1903), 109 (Profilporträt auf einer Halb-Guldiner-Klippe, 1513), 149 (Bleistift- und Kreidezeichnung zwischen 1770 und 1780), 165, 189, 197 (Gemälde um 1872)
SALZBURG PANORAMA TOURS, SALZBURG:
S. 135; wir danken Salzburg Panorama Tours / www.panoramatours.com für die freundliche Unterstützung
RESIDENZGALERIE SALZBURG: S. 196
GEORG TRAKL FORSCHUNGS- UND GEDENKSTÄTTE, SALZBURG: S. 89 (bisher unveröffentlichtes Selbstbildnis, gemalt am 30.11.1913; Original im Geburtshaus)
VG-BILDKUNST, BONN: S. 68, 191, 202/203, 204
GALERIE WELZ, SALZBURG: S. 204

Wir danken allen Rechteinhabern für die Erlaubnis zu Nachdruck und Abbildung. Trotz intensiver Bemühungen war es nicht möglich, alle Rechteinhaber zu ermitteln. Wir bitten diese, sich an den Verlag zu wenden.

Autoren

Dr. Eva Gesine Baur hat in München und Salzburg Kunstgeschichte, Literaturwissenschaften, Musikwissenschaft und Gesang studiert. Sie lebt und arbeitet als Journalistin und Buchautorin in München. Mit der Geschichte und Gegenwart Salzburgs befasst sie sich seit vielen Jahren. Zahlreiche Veröffentlichungen, u. a. *Zu Gast bei Verdi* (2001), *Genießen mit Vivaldi* (2002).

Thomas Klinger ist nach seiner Ausbildung bei Will McBride und Willy Fleckhaus seit über 30 Jahren als freier Fotograf und Grafiker tätig; für seine Arbeiten erhielt er zahlreiche Preise und Auszeichnungen u. a. für *Venedig. Theater der Träume* (1988).

Danksagung

Autoren und Verlag bedanken sich für die Unterstützung durch die Salzburger Festspiele, insbesondere bei ihrem Intendanten, Prof. Dr. Peter Ruzicka, Frau Mag. Susanne Stähr und Herrn Burkhard Stein sowie bei Frau Dr. Brigitte Ritter vom Verein der Freunde der Salzburger Festspiele.
www.salzburgfestival.at

Impressum

Text und Konzeption: Eva-Gesine Baur
Fotografie: Thomas Klinger
Gestaltung: Sibylle Schug,
Atelier Klinger & Schug, München
Lektorat: Cordula Böhm
Schlussredaktion: Kristin Bamberg
Bildredaktion: Joachim Hellmuth
Zeichnung, Nachsatz: Gottfried Müller
Herstellung: Angelika Kerscher
Lithographie: Repro Ludwig, A-Zell am See
Druck, Bindung: Passavia Druckservice, Passau

Propyläen Verlag
Proyläen ist ein Verlag des Verlagshauses
Ullstein Heyne List GmbH & Co. KG
www.propylaeen-verlag.de
ISBN 3-549-07183-3
1. Auflage 2003
© 2003 by Ullstein Heyne List GmbH & Co. KG, München
Alle Rechte vorbehalten. Printed in Germany